황봉학 시인이 만든
시낭송 실기교본

제5권

황봉학 시인이 만든
시낭송 실기교본 5

2025년 9월 10일 초판 1쇄 인쇄 발행

지은이	황봉학
자료수집	김동희, 엄다경, 이숙희
펴낸이	박종래
펴낸곳	도서출판 명성서림
등록번호	301-2014-013
주소	04625 서울시 중구 필동로 6 (2, 3층)
대표전화	02)2277-2800
팩스	02)2277-8945
이메일	msprint8944@naver.com

값 25,000원
ISBN 979-11-7439-031-8

본 책의 구성 및 맞춤법, 띄어쓰기는 작가의 의도에 따랐습니다.
이 책의 저작권은 저자와 도서출판 명성서림에 있습니다. 무단 전재 및 복제를 금합니다.
이 책 내용의 일부 또는 전부를 재사용하려면 반드시 저자와 도서출판 명성서림의 동의를 얻어야 합니다.
파본은 구입처에서 바꾸어 드립니다.

대한민국 시낭송가와 시낭송 지도자의 필수 지침서

황봉학 시인이 만든
시낭송 실기교본

제5권

도서출판 명성서림

| 머리말 |

    대한민국 최초로『시낭송 교본』과『시낭송 실기 교본』①②③④권을 펴낸 지 어느새 2년이 지났습니다. 이 다섯 권의 교본은 시낭송계에 신선한 충격을 주었고, 시 원본의 중요성과 표준 발음법의 가치를 새삼 일깨워 주었습니다. 이제 제⑤권을 내놓으며, 앞선 교본들과 함께 낭송가와 시낭송 지도사에게 도움이 되기를 소망합니다.

    새들이 창공을 나는 것은 단순히 날개가 있어서가 아닙니다. 그들은 먹이라는 목표를 향해 끊임없이 날갯짓합니다. 인간도 다르지 않습니다. 삶을 이어가기 위해 배우고 노력하며, 참된 의미를 찾아 끊임없이 나아갑니다. 필자 역시 시인으로 살아온 오십여 년 동안 제자들과 함께 현장에서 고민하고 연구하며 창작과 낭송의 길을 걸어왔습니다. 이 책은 그 과정에서 얻은 경험과 지혜를 모은 결실입니다.

    그러나 이 책은 단순한 경험이나 기교만을 담은 것이 아닙니다. 시의 문학성을 바탕으로, 표준 발음법에 따른 정확한 발음과 표현을 정리하고 이론과 실무를 아우르고자 하였습니다. 초보 낭송가에서부터 교사와 학생, 전문 지도사에 이르기까지 모든 이가 활용할 수 있는 시낭송계의 교과서이자 지침서가 되기를 바랍니다.

    오늘날 우리는 검증되지 않은 무수한 정보 속에서 무엇이 옳고 그른 지조차 가늠하기 어려운 시대에 살고 있습니다. 그래서 더더욱 정확한 원본과 올바른 발음을 확인하는 일이 중요합니다. 이 교본들에는 저명한 시인들의 130여 편 작품을 원본 대조 과정을 거쳐 수록하였으며, 발음상의 유의점과 낭송 사례를 함께 제시하여 독자가 스스로 학습할 수 있도록 하였습니다. 특히 작가와 후손의 확인을 거쳐 원작을 철저히 대조한 과정은 실로 고된 작업이었습니다.

시낭송가는 올바른 국어와 우리말을 전하는 사람입니다. 장단음의 정확한 구사, 된소리와 거센소리의 구분, 시어의 리듬을 살리는 낭송은 반드시 지켜야 할 기본입니다. 지난 세월 『좋은시바르게낭송하기운동』을 통해 강조해 온 원본 확인과 올바른 발음 지도가 이제는 대회와 공연 현장에서 점차 정착해 가는 모습을 보며 큰 보람을 느낍니다.

시낭송이 하나의 예술 장르로 뿌리내리기 위해서는, 이제 각자가 책임감을 지닌 예술가로 서야 합니다. 40여 년의 역사를 지닌 시낭송계가 불혹의 나이에 걸맞게 더욱 전문성을 갖추기를 기대합니다. 본 교재가 지도 현장에서 꼭 필요한 길잡이가 되고, 낭송가들에게는 '올바른 낭송이란 무엇인가'를 다시 성찰하는 계기가 되기를 바랍니다.

끝으로, 『좋은시바르게낭송하기운동본부』 가족 여러분이 함께 고심하며 자료를 모아주신 노고에 깊이 감사드립니다. 필자는 또 새로운 자료를 찾아 전국 도서관을 향해 발걸음을 옮기려 합니다.

2025년 8월 '청음시낭송예술원'에서
『좋은시바르게낭송하기운동』 본부장 황봉학

| 전권 목차 |

01. 문태준의 「옮겨가는 초원」
02. 배한봉의 「육탁」
03. 류시화의 「그대가 곁에 있어도 나는 그대가 그립다」
04. 신석정의 「약속」
05. 문병란의 「인연서설」
06. 정윤천의 「십만 년의 사랑」
07. 김상옥의 「봉선화」〈시조〉
08. 조지훈의 「사모」
09. 이생진의 「그리운 바다 성산포」
10. 박규리의 「치자꽃 설화」
11. 정호승의 「연어」
12. 문병란의 「희망가」
13. 박경리의 「옛날의 그 집」
14. 조지훈의 「石 門」
15. 나희덕의 「못 위의 잠」
16. 유안진의 「자화상」
17. 황봉학의 「백두산에 올라」〈시조〉
18. 김현태의 「인연이라는 것에 대하여」
19. 이근배의 「겨울행」
20. 문정희의 「곡비(哭婢)」
21. 심순덕의 「엄마는 그래도 되는 줄 알았습니다」
22. 유치환의 「초상집」

23. 황봉학의 「아! 안중근」
24. 황지우의 「너를 기다리는 동안」
25. 백석의 「흰 바람벽이 있어」
26. 이근배의 「노래여 노래여」
27. 문태준의 「빈집의 약속」
28. 송수권의 「정든 땅 언덕 위에」
29. 정완영의 「연과 바람」〈시조〉
30. 송수권의 「여승」
31. 이건청의 「산양」
32. 유치환의 「뜨거운 노래는 땅에 묻는다」
33. 황봉학의 「주흘산 달빛을 보다」
34. 신경림의 「역전 사진관집 이층」
35. 심훈의 「그날이 오면」
36. 이생진의 「내가 백석이 되어」
37. 이호우의 「달밤」〈시조〉
38. 송수권의 「산문(山門)에 기대어」
39. 엄다경의 「아버지의 아궁이」
40. 황종권의 「나는 문경새재의 저녁으로 눕는다」
41. 박두진의 「휩쓸려가는 것은 바람이다」
42. 박두진의 「어서 너는 오너라」
43. 황봉학의 「주술사」
44. 김소월의 「초혼(招魂)」

45. 김사인의 「좌탈」
46. 신석정의 「그 먼 나라를 알으십니까」
47. 문무학의 「우체국을 지나며」〈시조〉
48. 이기철의 「이화령쯤에서」
49. 신석초의 「바라춤」
50. 서정주의 「석굴암 관세음의 노래」
51. 유종인의 「염색」
52. 길상호의 「손바닥 성지」
53. 황봉학의 「어머니의 베틀」
54. 이대흠의 「동그라미」
55. 정호승의 「가시」
56. 이근배의 「금강산은 길을 묻지 않는다」
57. 정완영의 「조국」〈시조〉
58. 김경훈의 「그 누가 묻거든」
59. 안도현의 「그대에게 가고 싶다」
60. 도종환의 「내가 사랑하는 당신은」
61. 김기림의 「길」
62. 함석헌의 「그 사람을 가졌는가」
63. 황봉학의 「돌의 노래」
64. 박형권의 「도축사 수첩」
65. 손택수의 「아버지의 등을 밀며」
66. 이승하의 「늙은 어머니의 발톱을 깎아드리며」

67. 김중식의 「완전무장」
68. 장시하의 「돌아보면 모두가 사랑이더라」
69. 이기철의 「별까지는 가야 한다」
70. 김광균의 「설야」
71. 신경림의 「가난한 사랑노래」
72. 마종기의 「우화의 강 1」
73. 황봉학의 「파계사에서」〈시조〉
74. 김남조의 「가난한 이름에게」
75. 한용운의 「님의 침묵」
76. 김선우의 「목포항」
77. 정윤천의 「발해로 가는 저녁」
78. 박목월의 「어머니의 언더라인」
79. 조향미의 「온돌방」
80. 공광규의 「담장을 허물다」
81. 이수익의 「昇天」
82. 윤동주의 「쉽게 씌어진 시」
83. 황봉학의 「피리」
84. 김도솔의 「인력 시장」〈시조〉
85. 박제천의 「비천」
86. 나태주의 「너무 그러지 마시어요」
87. 함민복의 「눈물은 왜 짠가」
88. 피재현의 「밀당」

89. 김재진의 「토닥토닥」
90. 정호승의 「수선화에게」
91. 도종환의 「담쟁이」
92. 문병란의 「바다가 내게」
93. 김찬자의 「시(詩) 담은 찻사발」
94. 황봉학의 「일월오봉도」
95. 이상국의 「물속의 집」
96. 김수영의 「풀」
97. 천양희의 「우표 한장 붙여서」
98. 복효근의 「어떤 종이컵에 관한 관찰 기록」
99. 곽재구의 「김소월을 가르치다 보면」
100. 이정록의 「도깨비기둥」
101. 박노해의 「목화는 두 번 꽃이 핀다」
102. 김영남의 「'아줌마'라는 말은」
103. 나태주의 「너무 그러지 마시어요」
104. 박형권의 「우두커니」
105. 함민복의 「눈물은 왜 짠가」
106. 김승희의 「그래도라는 섬이 있다」
107. 박두진의 「갈보리의 노래 2」
108. 도종환의 「흔들리며 피는 꽃」
109. 정호승의 「새들은 지붕을 짓지 않는다」
110. 신승희의 「바람의 언덕에서」

111. 배한봉의 「늙은 구두 수선공의 기술」
112. 류시화의 「슬픔에게 안부를 묻다」
113. 유안진의 「선녀의 선택」
114. 고두현의 「오래된 길이 돌아서서 나를 바라볼 때」
115. 영정화의 「간장」
116. 김도솔의 「사시미칼이 어울리는 여자」
117. 천양희의 「누가 말했을까요?」
118. 신달자의 「저 거리의 암자」
119. 복효근의 「누 떼가 강을 건너는 법」
120. 고영민의 「깻대를 베는 시간」
121. 나태주의 「사는 일」
122. 손택수의 「지게體」
123. 도종환의 「세시에서 다섯시 사이」
124. 김종래의 「칭기스칸」
125. 이병철의 「안기기, 안아주기」
126. 유자효의 「개」
127. 조병화의 「늘, 혹은」
128. 황봉학의 「나는 은사시나무를 적시는 비가 되고 싶다」
129. 서정주의 「牽牛의 노래」
130. 박노해의 「겨울 사랑」

| 제5권 목차 |

101. 박노해의 「목화는 두 번 꽃이 핀다」　　　14
102. 김영남의 「'아줌마'라는 말은」　　　24
103. 나태주의 「너무 그러지 마시어요」　　　30
104. 박형권의 「우두커니」　　　45
105. 함민복의 「눈물은 왜 짠가」　　　54
106. 김승희의 「그래도라는 섬이 있다」　　　72
107. 박두진의 「갈보리의 노래 2」　　　85
108. 도종환의 「흔들리며 피는 꽃」　　　100
109. 정호승의 「새들은 지붕을 짓지 않는다」　　　111
110. 신승희의 「바람의 언덕에서」　　　117
111. 배한봉의 「늙은 구두 수선공의 기술」　　　125
112. 류시화의 「슬픔에게 안부를 묻다」　　　136
113. 유안진의 「선녀의 선택」　　　145
114. 고두현의 「오래된 길이 돌아서서 나를 바라볼 때」　　　155
115. 영정화의 「간장」　　　161

116. 김도솔의 「사시미칼이 어울리는 여자」 168

117. 천양희의 「누가 말했을까요?」 176

118. 신달자의 「저 거리의 암자」 184

119. 복효근의 「누 떼가 강을 건너는 법」 196

120. 고영민의 「깻대를 베는 시간」 204

121. 나태주의 「사는 일」 212

122. 손택수의 「지게體」 224

123. 도종환의 「세시에서 다섯시 사이」 230

124. 김종래의 「칭기스칸」 242

125. 이병철의 「안기기, 안아주기」 253

126. 유자효의 「개」 262

127. 조병화의 「늘, 혹은」 271

128. 황봉학의 「나는 은사시나무를 적시는 비가 되고 싶다」 279

129. 서정주의 「牽牛의 노래」 289

130. 박노해의 「겨울 사랑」 298

101 박노해의 「목화는 두 번 꽃이 핀다」

목화는 두 번 꽃이 핀다 / 박노해

꽃은
단 한 번 핀다는데
꽃시절이 험하여
채 피지 못한 꽃들은
무엇으로 살아야 하나

꽃잎 떨군 자리에
아프게 익어 다시 피는 목화는
한 생에 두 번 꽃이 핀다네

봄날 피는 꽃만이 꽃이랴
눈부신 꽃만이 꽃이랴

꽃시절 다 바치고 다시

앙상히 말라가는 온몸으로
남은 생을 다해 피워가는 꽃
패배를 패배시킨 투혼의 꽃
슬프도록 아름다운 흰 목화여

이 목숨의 꽃 바쳐
세상이 따뜻하다면
그대 마음도 하얀 솜꽃처럼
깨끗하고 포근하다면
나 기꺼이 언덕에 쓰러지겠네
앙상한 뼈대로 메말라가며
순결한 솜꽃 피워 바치겠네

춥고 가난한 날의
그대 따스하라

- 출처 : 박노해 시집.『너의 하늘을 보아』. 느린걸음. 2022년 7월 12일
  초판 19쇄 발행. 397~398쪽.

[정본 또는 원본 확인 과정]

- 박노해 시집『너의 하늘을 보아』'느린걸음'에서 원본을 확보하였다.

[참고본 또는 이본]

목화는 두 번 꽃이 핀다 / 박노해

꽃은
단 한 번 핀다는데
꽃시절이 험해서
채 피지 못한 꽃들은
무엇으로 살아야 하는가

꽃잎 떨군 자리에
아프게 익어 다시 피는
목화는
한 생에 두 번 꽃이 핀다네

봄날 피는 꽃만이 꽃이랴
눈부신 꽃만이 꽃이랴

꽃시절 다 바치고 다시 한 번
앙상히 말라가는 온몸으로
남은 생을 다 바쳐 피워가는 꽃
패배를 패배시킨 투혼의 꽃

슬프도록 환한 목화꽃이여

이 목숨의 꽃 바쳐
세상이 따뜻하다면
그대 마음도 하얀 솜꽃처럼
깨끗하고 포근하다면
나 기꺼이 밭둑에 쓰러지겠네
앙상한 뼈마디로 메말라가며
순결한 솜꽃 피워 바치겠네

춥고 가난한 날의
그대 따스하라

- 출처 : 시집 『겨울이 꽃 핀다』 (해냄출판사, 초판 3쇄 2000. 1. 10), 14~15쪽.

[시인 소개]

박노해(본명 박기평) 시인
출생 : 전남 함평군
학력 : 선린상업고등학교
데뷔 : 1983년 《시와경제》 「시다의 꿈」 등단
경력 : 1989~남한사회주의노동자동맹 결성상임이사

수상 : 1992. 시인클럽 포에트리 인터내셔널 로테르담재단 인권상.

[시의 이해]
　박노해가 1984년 27살에 쓴 첫 시집 〈노동의 새벽〉은 금서였음에도 100만 부가 발간되었으며 이때부터 '얼굴 없는 시인'으로 불렸다. 1991년 사형을 구형받고 무기수로 감옥 독방에 갇혀서도 독서와 집필을 이어갔다. 7년 6개월 만에 석방된 후 민주화운동 유공자로 복권되었으나 국가 보상금을 거부했다. 그후 20여 년간 국경 너머 가난과 분쟁의 땅에서 평화활동을 펼치며 현장의 진실을 기록해 왔다.
　『그러니 그대 사라지지 말아라』 이후 12년 만인 2022년 5월 신작 시집 『너의 하늘을 보아』가 출간됐다.

[발음 연구]
'낭송의 실제'를 참고하기 바란다.

[조사 '의'의 발음]
이 시에는 아래와 같이 조사 '의'가 나온다.
　　'패배를 패배시킨 투혼의 꽃'
　　'이 목숨의 꽃 바쳐'
　　'춥고 가난한 날의'
이 중에서 '이 목숨의 꽃 바쳐'는 '의'로 발음하였으면 좋겠다.

[띄어읽기와 끊어읽기]

'낭송의 실제' 참고하기 바란다.

[중요 낱말 및 시어 시구 풀이]

투혼(鬪魂) : 싸움 투, 넋 혼. 끝까지 투쟁하려는 기백.

[낭송의 실제]

목화는 두 번 꽃이 핀다 / 박노해

– 모콰는 두ː 번 꼬치 핀다 / 시 박노해. 낭ː송 ○○○.

꽃은
– 꼬츤

단 한 번 핀다는데
– 단 한 번 핀다는데

꽃시절이 험하여
– 꼳씨저리 험ː하여

채 피지 못한 꽃들은
– 채 피지 모ː탄 꼳뜨른

무엇으로 살아야 하나
– 무어스로 사라야 하나

〉
꽃잎 떨군 자리에
- 꼰닙 떨군 자리에
아프게 익어 다시 피는 목화는
- 아프게 이거 다시 피는 모콰는
한 생에 두 번 꽃이 핀다네
- 한 생에 두ː 번 꼬치 핀다네

봄날 피는 꽃만이 꽃이랴
- 봄날 피는 꼰마니 꼬치랴
눈부신 꽃만이 꽃이랴
- 눈부신 꼰마니 꼬치랴

꽃시절 다 바치고 다시
- 꼳씨절 다ː 바치고 다시
앙상히 말라가는 온몸으로
- 앙상히 말라가는 온ː모므로
남은 생을 다해 피워가는 꽃
- 나믄 생을 다ː해 피워가는 꼳
패배를 패배시킨 투혼의 꽃
- 패ː배를 패ː배시킨 투호늬(네) 꼳
슬프도록 아름다운 흰 목화여

- 슬프도록 아름다운 힌 모콰여

이 목숨의 꽃 바쳐
- 이 목쑤믜(메×) 꼳 바쳐
세상이 따뜻하다면
- 세ː상이 따뜨타다면
그대 마음도 하얀 솜꽃처럼
- 그대 마음도 하ː얀 솜ː꼳처럼
깨끗하고 포근하다면
- 깨끄타고 포근하다면
나 기꺼이 언덕에 쓰러지겠네
- 나 기꺼이 언더게 쓰러지겐네
앙상한 뼈대로 메말라가며
- 앙상한 뼈대로 메말라가며
순결한 솜꽃 피워 바치겠네
- 순결한 솜ː꼳 피워 바치겐네

춥고 가난한 날의
- 춥꼬 가난한 나릐(레)
그대 따스하라
- 그대 따스하라

[원본에 표준발음 직접 표기하기] - ： =장음, <u>가</u>(밑줄) =된소리, 가(기울임) =거센소리.

목화는 두:번 꽃이 핀다 / 시 박노해. 낭:송 ○○○.

꽃은
단 한 번 핀다는데
<u>꽃시절</u>이 험:하여
채 피지 못:한 꽃들은
무엇으로 살아야 하나

꽃잎 떨군 자리에
아프게 익어 다시 피는 목화는
한 생에 두: 번 꽃이 핀다네

봄날 피는 꽃만이 꽃이랴
눈부신 꽃만이 꽃이랴

<u>꽃시절</u> 다: 바치고 다시
앙상히 말라가는 온:몸으로
남은 생을 다:해 피워가는 꽃

패:배를 패:배시킨 투혼의 꽃
슬프도록 아름다운 흰 목화여

이 목숨의 꽃 바쳐
세:상이 *따뜻하다면*
그대 마음도 하:얀 솜:꽃처럼
깨끗하고 포근하다면
나 기꺼이 언덕에 쓰러지겠네
앙상한 뼈대로 메말라가며
순결한 솜:꽃 피워 바치겠네

춥고 가난한 날의
그대 따스하라

102 김영남의 '아줌마'라는 말은

'아줌마'라는 말은 / 김영남

일단 무겁고 뚱뚱하게 들린다.
아무 옷이나 색깔이 잘 어울리고
치마에 밥풀이 묻어 있어도 어색하지 않다.

그래서 젊은 여자들은 낯설어 하지만
골목에서 아이들이 '아줌마' 하고 부르면
낯익은 얼굴이 뒤돌아본다. 그런 얼굴들이
매일매일 시장, 식당, 미장원에서 부산히 움직이다가
어두워지면 집으로 돌아가 저녁을 짓는다.

그렇다고 그 얼굴들을 함부로 다루면 안 된다.
함부로 다루면 요즘에는 집을 팽 나가버린다.
나갔다 하면 언제 터질 줄 모르는 폭탄이 된다.
유도탄처럼 자유롭게 날아다니진 못하겠지만

뭉툭한 모습을 하고도 터지면 엄청난 파괴력을 갖는다.
이웃 아저씨도 그걸 드럼통으로 여기고 두드렸다가
집이 완전히 날아가버린 적 있다.

우리 집에서도 아버지가 고렇게 두드린 적 있다.
그러나 우리 집에서는 한 번도 터지지 않았다.
아무리 두들겨도 이 세상까지 모두 흡수해버리는
포용력 큰 불발탄이었다, 나의 어머니는.

- 출처 : 김영남 시집.『푸른 밤의 여로』. 문학과 지성사. 2006년 4월 21일. 14~15쪽.

[원본 또는 정본 확보 과정]

- 김영남 시집.『푸른 밤의 여로』에서 원본을 확보하였다.

[시인 소개]

김영남 시인

출생 : 1957년, 전남 장흥군.

데뷔 : 1997년 세계일보 신춘문예 '정동진역' 등단.

수상 : 2004. 문학과창작 작품상.

[조사 '의' 발음]

이 시에는 단 한 군데 조사 '의'가 나온다.

　　'나의 어머니는'

'에'로 발음하여도 시어의 전달에 문제가 없다.

[낭송의 실제]

'아줌마'라는 말은 / 김영남

- '아줌마'라는 마ː른 / 시 김영남. 낭ː송 ○○○.

　　일단 무겁고 뚱뚱하게 들린다.
　　- 일딴 무겁꼬 뚱뚱하게 들린다.
　　아무 옷이나 색깔이 잘 어울리고
　　- 아ː무 오시나 색까리 잘 어울리고
　　치마에 밥풀이 묻어 있어도 어색하지 않다.
　　- 치마에 밥푸리 무더 이써도 어새카지 안타.

　　그래서 젊은 여자들은 낯설어 하지만
　　- 그래서 절믄 여자드른 낟써러 하지만
　　골목에서 아이들이 '아줌마' 하고 부르면
　　- 골ː모게서 아이드리 '아줌마' 하고 부르면

낯익은 얼굴이 뒤돌아본다. 그런 얼굴들이

- 난니근 얼구리 뒤ː도라본다. 그런 얼굴드리

매일매일 시장, 식당, 미장원에서 부산히 움직이다가

- 매ː일매일 시ː장, 식땅, 미ː장워네서 부산히 움지기다가

어두워지면 집으로 돌아가 저녁을 짓는다.

- 어두워지면 지브로 도라가 저녀글 진ː는다.

그렇다고 그 얼굴들을 함부로 다루면 안 된다.

- *그러타고 그 얼굴드를 함부로 다루면 안 된다.*

함부로 다루면 요즘에는 집을 팽 나가버린다.

- 함부로 다루면 요즈메는 지블 팽 나가버린다.

나갔다 하면 언제 터질 줄 모르는 폭탄이 된다.

- 나갇따 하면 언ː제 터ː질 줄(쭐) 모ː르는 폭타니 된다.

유도탄처럼 자유롭게 날아다니진 못하겠지만

- 유도탄처럼 자유롭께 나라다니진 모ː타겓찌만

뭉툭한 모습을 하고도 터지면 엄청난 파괴력을 갖는다.

- 뭉투칸 모스블 하고도 터ː지면 엄청난 파ː괴려글 간는다.

이웃 아저씨도 그걸 드럼통으로 여기고 두드렸다가

- 이욷 아저씨도 그걸 드럼통으로 여기고 두드렫따가

집이 완전히 날아가버린 적 있다.

- 지비 완전히 나라가버린 적 읻따.

〉

우리 집에서도 아버지가 고렇게 두드린 적 있다.
- 우리 지베서도 아버지가 *고러케* 두드린 적 읻따.

그러나 우리 집에서는 한 번도 터지지 않았다.
- 그러나 우리 지베서는 한 번도 터ː지지 아낟따.

아무리 두들겨도 이 세상까지 모두 흡수해버리는
- 아ː무리 두들겨도 이 세ː상까지 모두 *흡쑤해버리는*

포용력 큰 불발탄이었다, 나의 어머니는.
- 포ː용녁 큰 *불발타니얻따*, 나의(에) 어머니는.

[원본에 직접 발음 표기하기]

'아줌마'라는 말ː은 / 시 김영남. 낭ː송 ○○○.
- ː =장음, 가(밑줄) =된소리, *가(기울임)* =거센소리.

일단 무겁고 뚱뚱하게 들린다.
아ː무 옷이나 색깔이 잘 어울리고
치마에 밥풀이 묻어 있어도 *어색하지 않다.*

그래서 젊은 여자들은 낯설어 하지만
골ː목에서 아이들이 '아줌마' 하고 부르면
낯익은 얼굴이 뒤ː돌아본다. 그런 얼굴들이

매:일매일 시:장, 식당, 미:장원에서 부산히 움직이다가
어두워지면 집으로 돌아가 저녁을 짓:는다.

그렇다고 그 얼굴들을 함부로 다루면 안 된다.
함부로 다루면 요즘에는 집을 팽 나가버린다.
나갔다 하면 언:제 터:질 줄 모:르는 폭탄이 된다.
유도탄처럼 자유롭게 날아다니진 못:하겠지만
뭉툭한 모습을 하고도 터:지면 엄청난 파:괴력을 갖는다.
이웃 아저씨도 그걸 드럼통으로 여기고 두드렸다가
집이 완전히 날아가버린 적 있다.

우리 집에서도 아버지가 고렇게 두드린 적 있다.
그러나 우리 집에서는 한 번도 터:지지 않았다.
아:무리 두들겨도 이 세:상까지 모두 흡수해버리는
포:용력 큰 불발탄이었다, 나의 어머니는.

103 나태주의 「너무 그러지 마시어요」

너무 그러지 마시어요 / 나태주

　너무 그러지 마시어요. 너무 섭섭하게 그러지 마시어요. 하나님, 저에게가 아니에요. 저의 아내 되는 여자에게 그렇게 하지 말아달라는 말씀이에요. 이 여자는 젊어서부터 병과 더불어 약과 더불어 산 여자예요. 세상에 대한 꿈도 없고 그 어떤 사람보다도 죄를 안 만든 여자예요. 신장에 구두도 많지 않은 여자구요, 장롱에 비싸고 좋은 옷도 여러 벌 가지지 못한 여자예요. 한 남자의 아내로서 그림자로 살았고 두 아이의 엄마로서 울면서 기도하는 능력밖엔 없는 여자이지요. 자기 이름으로 꽃밭 한 평, 채전밭 한 귀퉁이 가지지 못한 여자예요. 남편 되는 사람이 운전조차 할 줄 모르는 쑥맥이라서 언제나 버스만 타고 다닌 여자예요. 돈을 아끼느라 꽤나 먼 시장 길도 걸어 다니고 싸구려 미장원에만 골라 다닌 여자예요. 너무 그러지 마시어요. 가난한 자의 기도를 잘 들어 응답해주시는 하나님, 저의 아내 되는 사람에게 너무 섭섭하게 그러지 마시어요. (2007)

- 나태주 대표시 선집 『이제 너 없이도 너를 좋아할 수 있다』 푸른길.

초판 1쇄 발행 2017년 4월 5일. 초판 7쇄 발행 2021년 9월 24일. 89쪽.

- 나태주 시선집 『비워둔 자리이고 싶습니다』 도서출판 시아북(詩芽Book). 2023년 8월 25일. 212쪽.

[원본 또는 정본 확인 과정]
나태주 시인의 대표 시선집 『이제 너 없이도 너를 좋아할 수 있다』에서 발췌하였다.

[참고본 또는 이본]

너무 그러지 마시어요 / 나태주

　너무 그러지 마시어요. 너무 섭섭하게 그러지 마시어요. 하나님, 저에게가 아니에요. 저의 아내 되는 여자에게 그렇게 하지 말아 달라는 말씀이어요. 이 여자는 젊어서부터 병과 더불어 약과 더불어 산 여자예요. 세상에 대한 꿈도 없고 그 어떤 사람보다도 죄를 안 만든 여자예요. 신발장에 구두도 많지 않은 여자구요. 장롱에 비싸고 좋은 옷도 여러 벌 가지지 못한 여자예요. 한 남자의 아내로서 그림자로 살았고 두 아이의 엄마로서 울면서 기도하는 능력밖엔 없는 여자이지요. 자기 이름으로 꽃밭 한 평, 채전밭 한 귀퉁이 가지지 못한 여자예요. 남편 되는 사람이 운전조차 할 줄 모르는 쑥맥이라서 언제나 버스만 타고 다닌 여자예요. 돈을 아끼느라 꽤나 먼 시장 길도 걸어다니고 싸구려 미장원에만 골라 다닌 여자예요. 너무 그러지 마시어요. 가난한 자의 기도를 잘 들어 응답해주시는 하나님, 저의 아내 되는 사람에게 너무 섭섭하게 그러지 마시어요.

- 계간《시와 시학》2007년 가을호.

[시인 소개]

나태주 시인.
출생 : 1945년 서천.
데뷔 : 1971년 서울신문 신춘문예에 당선돼 작품 활동.
시집 : 『대숲 아래서』 출간 이후 『풀꽃』, 『너와 함께라면 인생도 여행이다』, 『꽃을 보듯 너를 본다』 등 출간.
수상 : 소월시문학상, 흙의문학상, 충청남도문화상 등 수상.

[시의 이해]

〈'너무 그러지 마시어요' 시에 대한 나태주 시인의 설명글〉
　2007년은 나의 생애 가운데 가장 힘들었던 한 해였고 가장 중요한 일이 많이 일어난 한해였습니다. 젊어서부터 신장결석으로 고생했으며 한 차례 개복수술을 하고 한 차례 내시경수술을 받았습니다.

　그래서 몸이 불편하다 싶으면 신장 쪽만 살피고 고혈압 약만 챙겨서

먹었지 간장이나 쓸개 쪽은 관심도 없었는데 이번에는 쓸개 줄에 1.7센티미터나 되는 돌이 생겨 그것이 쓸개 줄을 터트리는 바람에 쓸개 액이 몽땅 복강 사이로 쏟아져 나와 장기를 오염시키는 일이 일어났습니다.

그것은 중대 사고였습니다. 그런 상황이라면 도저히 살아나지 못한다는 것이 의학적 상식이었던가 봅니다. 쓸개 액은 특히 췌장을 4분의 3이나 녹이는 괴사성 췌장염을 일으켰습니다. 수술불가, 치유불가가 그 당시의 진단내용이었습니다.

대전의 한 대학병원에서 3개월 치료하다가 도저히 안 되겠다 싶어서 속 시원히 수술이라도 한 번 해보자 싶어 옮긴 곳이 서울아산병원이었습니다.

진단을 하고 난 외과의사는 일언지하로 말했습니다. '이미 죽을 사람이 왔군요. 너무 진행되었습니다. 옛날 사람은 이렇게 되는 경우가 있지만 요즘 사람들은 이렇게까지는 가지 않습니다. 수술해봐야 건질 것이 없겠습니다.

어떤 의사도 이런 환자를 맡기를 원하진 않을 것입니다.'
그래도 우리는 막무가내로 매달렸고 그 병원에서 내과로 전과하여 그야말로 기적과 같이 완치하여 퇴원하는 기쁨을 맛보았습니다.

앞에서 '기적과 같이'라고 썼지만 그것은 분명 기적이었습니다.
그 복잡한 과정을 어찌 다 말과 글로 쓸 수 있다 하겠는지요.
병원생활 중 하나도 병의 차도가 없어 무작정 하나님께 매달리며 기도를 많이 드렸습니다.

기도라고 해야 화려한 기도가 아닙니다. 똑같은 말을 되풀이하는 기도입니다.
'살려주십시오. 살려주십시오.' 그 말만 몇 시간이고 반복하는 기도입니다.
아내 또한 같은 내용을 기도로 드렸다고 합니다. '하나님 저는 절대로 혼자서는 공주 집으로 돌아가지 않겠습니다.

결단코 저 사람을 살려주십시오.'
하나님이 얼마나 들으시기 힘들었을까요. 한 사람은 살려달라고만 말하고 또 한 사람은 혼자서는 집으로 돌아가지 않겠다고, 차라리 같이 죽겠노라 고집을 부리며 떼를 쓰니 참 하나님도 곤란하셨을 것입니다. 그래서 끝내 하나님께서 '그래 모르겠다, 너희들 맘대로 해라', 그러면서 우리의 기도를 슬그머니 들어주시지 않았나 모르겠습니다.

숨어서 기도하고 찬송 부르고 하는 동안 쓴 시가 바로 위의 시인데 독백체로, 이야기체로 썼으니 부연설명이 필요 없는 작품입니다. 다만 읽어 이해와 느낌이 있으면 족한 문장입니다.

이 시를 붓펜으로 써서 면회 온 누군가에게 부탁하여 〈시와 시학〉 잡지사에 투고를 했는데 그 해 가을호에 발표되었습니다.

이 시에는 기교도, 수식도, 시적인 구도도 없지만 많은 독자들이 읽고 공감을 표시해주었습니다.

이 시를 읽고 이정록 시인이 우리 집사람이 답시 형식으로 쓴 양, 글을 써서 어느 잡지에 실은 적이 있는데 이 글이 정말로 우리 집사람이 쓴 것처럼 알려져 인터넷에 떠도는 걸 보는데 분명히 밝히거니와 그 글은 우리 집사람의 글이 아니고, 이정록 시인의 글입니다.

오해 없기를 바라면서 그 글을 옮겨 싣습니다. 이정록 시인이 쓴 글을 읽어보며 소름이 끼쳐지기도 합니다. 시인이 시를 쓸 때는 이 정도는 빙의憑依가 되어야 하는 게 아닌가 싶은 생각에서입니다.

너무 고마워요 / 이정록

남편의 병상 밑에서 잠을 청하며 사랑의 낮은 자리를 깨우쳐주신 하나님, 이제는 저이를 다시는 아프게 하지 마시어요.

우리가 모르는 우리의 죄로 한번의 고통이 더 남아 있다면, 그게 피할 수 없는 우리의 것이라면, 이제는 제가 병상에 누울게요.

〉

하나님, 저 남자는 젊어서부터 분필과 함께 몽당연필과 함께 산, 시골 초등학교 선생이었어요. 시에 대한 꿈 하나만으로 염소와 노을과 풀꽃만 욕심내온 남자예요.

시 외의 것으로는 화를 내지 않은 사람이에요. 책꽂이에 경영이니 주식이니 돈 버는 책은 하나도 없는 남자고요. 제일 아끼는 거라곤 제자가 선물한 만년필과 그간 받은 편지들과 외갓집에 대한 추억뿐이에요.

한 여자 남편으로 토방처럼 배고프게 살아왔고, 두 아이 아빠로서 우는 모습 숨기는 능력밖에 없었던 남자이지요. 공주 금강의 아름다운 물결과 금학동 뒷산의 푸른 그늘만이 재산인 사람이에요.

운전조차 할 줄 몰라 언제나 버스만 타고 다닌 남자예요. 승용차라도 얻어 탄 날이면 꼭 그 사람 큰 덕 봤다고 먼 산 보던 사람이에요.

하나님, 저의 남편 나태주 시인에게 너무 섭섭하게 그러지 마시어요. 좀만 시간을 더 주시면 아름다운 시로 당신 사랑을 꼭 갚을 사람이에요.

* 나태주 선생님의 「너무 그러지 마시어요」에 대한 화답시입니다.

- 출처 : 이정록 시집 『그럴 때가 있다』 (창비. 2022.5)

- (이 시는 나태주 시인의 부인인 김성예 여사가 쓴 것으로 잘 못 알려져 있다.)

[발음 연구]

어원 '말:다'는 장음이지만 활용형 '말아'는 단음으로 발음된다.
어원 '젊:다'는 장음이지만 활용형 '젊어'는 단음으로 발음된다.
어원 '살:다'는 장음이지만 활용형 '살아'는 단음으로 발음된다.
어원 '걷:다'는 장음이지만 활용형 '걸어'는 단음으로 발음된다.
〈신장과 신짱 : 예사소리 '신장'으로 발음하면 '몸의 길이'나 '장기의 하나' 등으로, 된소리 '신짱'로 발음하면 '신을 넣어두는 장'〉
골라 : 어원 '고르다' -여럿 중에서 가려내거나 뽑다.
　　　　활용형 '골라'는 (단음).
골라잡다 : [골:라잡다] 여럿 중에서 골라서 잡다.
　　　　(날짜나 자리 따위를 여럿 가운데서 골라서 정하다.)

[장단음 연구]

〈장음〉

마:시어요. 말:씀이에요. 병: 과, 산: , 세:상에, 대:한, 없:고, 사:람보다도, 죄:를, 많:지, 장:롱에, 좋:은, 못:한, 그:림자로, 두:, 울:면서, 없:는, 사: 람이, 운:전조차, 모:르는, 언:제나, 돈:을, 먼:, 시:장, 미:장원에만, 응:답해주시는, 사:람에게.

[된소리, 거센소리, 예사소리]

⟨된소리=경음화⟩

섭섭하게-섭써파게, 약과-약꽈, 없고-업ː꼬, 신장에-신짱에, 옷도-옫또, 살았고-사랃꼬, 능력밖엔-능녁빠껜, 꽃밭-꼳빧.

⟨거센소리=격음화⟩

섭섭하게-섭써파게, 그렇게-그러케, 많지-만ː치, 못한-모ː탄, 응답해주시는-응ː다패주시는.

[조사 '의'의 발음]

　'저의 아내',
　'한 남자의 아내로서'
　'두 아이의 엄마로서'
　'가난한 자의 기도를'

모두 '에'로 발음하여도 무방하다.

[띄어읽기와 끊어읽기]

　시의 형태가 산문형으로 되어 있지만 문장을 끊어서 나열해 보면 '구어체'를 사용한 짧은 문장으로 구성되어 있다. ','(쉼표)로 된 것과 '.'(마침표)로 된 문장 부분을 잘 이해하고 '띄어읽기'와 '끊어읽기'를 활용하면 큰 문제가 없겠다.

(2015년 문장부호 명칭이 개정되어 온점과 반점은 마침표와 쉼표로 사용. 원칙은 마침표와 쉼표이고 온점 반점은 허용, 국립국어원 한글맞춤

법 규정에는 마침표와 쉼표로 되어 있음.)

[중요 낱말 및 시어 시구 풀이]

'신발장'과 '신장'

신을 넣어 두는 장을 뜻하는 말로 '신발장'과 '신장'을 쓸 수 있습니다. 다만 '신장'보다는 '신발장'을 쓰면, 뜻이 더 잘 전달될 것으로 보입니다. -국립국어원 온라인가나다.

'채전밭' : 채소밭의 방언.

[낭송의 실제]

너무 그러지 마시어요 / 나태주

- 너무 그러지 마ː시어요 / 시 나태주. 낭ː송 ◯◯◯.

　너무 그러지 마시어요. 너무 섭섭하게 그러지 마시어요. 하나님, 저에게가 아니에요. 저의 아내 되는 여자에게 그렇게 하지 말아달라는 말씀이에요. 이 여자는 젊어서부터 병과 더불어 약과 더불어 산 여자예요. 세상에 대한 꿈도 없고 그 어떤 사람보다도 죄를 안 만든 여자예요. 신장에 구두도 많지 않은 여자구요, 장롱에 비싸고 좋은 옷도 여러 벌 가지지 못한 여자예요. 한 남자의 아내로서 그림자로 살았고 두 아이의 엄마로서 울면서 기도하는 능력밖엔 없는 여자이지요. 자기 이름으로 꽃밭 한 평, 채전밭 한 귀퉁이 가지지 못한 여자예요. 남편 되는 사람이 운전조차 할 줄 모르는 쑥맥이라서 언제나 버스만 타고 다닌 여자예요. 돈을 아끼느라 꽤나 먼 시장 길도 걸어 다니고 싸구려 미장원에만 골라 다닌 여자예요. 너무 그러지 마시어요. 가난한 자의 기도를 잘 들어 응답해주시는 하나님, 저의 아내 되는 사람에게 너무 섭섭하게 그러지 마시어요.

- 너무 그러지 마 : 시어요. 너무 섭써파게 그러지 마 : 시어요. 하나님, 저에게가 아니에요. 저의(에) 아내 되는 여자에게 그러케 하지 마라달라는 말 : 쓰미에요. 이 여자는 절머서부터 병 : 과 더부러 약꽈 더부러 산 : 여자예요. 세 : 상에 대 : 한 꿈도 업 : 꼬 그 어떤 사 : 람보다도 죄 : 를 안 만든 여자예요. 신짱에 구두도 만 : 치 아는 여자구요, 장 : 농에 비싸고 조 : 은 옫또 여러 벌 가지지 모 : 탄 여자예요. 한 남자의(에) 아내로서 그 : 림자로 사랃꼬 두 : 아이의(에) 엄마로서 울 : 면서 기도하는 능녁빠껜 엄 : 는 여자이지요. 자기 이르므로 꼳빧 한 평, 채전밭 한 귀퉁이 가지지 모 : 탄 여자예요. 남편 되는 사 : 라미 운 : 전조차 할 줄(쫄) 모 : 르는 쑹매기라서 언 : 제나 버스만 타고 다닌 여자예요. 도 : 늘 아끼느라 꽤나 먼 : 시 : 장 길도 거러 다니고 싸구려 미 : 장워네만 골라 다닌 여자예요. 너무 그러지 마 : 시어요. 가난한 자의(에) 기도를 잘 드러 응 : 다패주시는 하나님, 저의(에) 아내 되는 사 : 라메게 너무 섭써파게 그러지 마 : 시어요.

[산문 시행을 율행으로 바꾸어 낭송하기]

너무 그러지 마시어요 / 나태주
- 너무 그러지 마ː시어요 / 시 나태주. 낭ː송 ○○○.

너무 그러지 마시어요.
- 너무 그러지 마ː시어요.

너무 섭섭하게 그러지 마시어요.
- 너무 섭써파게 그러지 마ː시어요.

하나님, 저에게가 아니에요.
- 하나님, 저에게가 아니에요.

저의 아내 되는 여자에게 그렇게 하지 말아달라는 말씀이에요.
- 저의(에) 아내 되는 여자에게 그러케 하지 마라달라는 말ː쓰미에요.

이 여자는 젊어서부터 병과 더불어 약과 더불어 산 여자예요.
- 이 여자는 절머서부터 병ː과 더부러 약꽈 더부러 산ː 여자예요.

세상에 대한 꿈도 없고 그 어떤 사람보다도 죄를 안 만든 여자예요.
- 세ː상에 대ː한 꿈도 업ː꼬 그 어떤 사ː람보다도 죄ː를 안 만든 여자예요.

신장에 구두도 많지 않은 여자구요,
- 신짱에 구두도 만ː치 아는 여자구요.

장롱에 비싸고 좋은 옷도 여러 벌 가지지 못한 여자예요.
- 장ː농에 비싸고 조ː은 옫또 여러 벌 가지지 모ː탄 여자예요.

한 남자의 아내로서 그림자로 살았고

- 한 남자의(에) 아내로서 그ː림자로 사랃꼬

두 아이의 엄마로서

- 두ː 아이의(에) 엄마로서

울면서 기도하는 능력밖엔 없는 여자이지요.

- 울ː면서 기도하는 능녁빠껜 엄ː는 여자이지요.

자기 이름으로 꽃밭 한 평,

- 자기 이르므로 꼳빧 한 평,

채전밭 한 귀퉁이 가지지 못한 여자예요.

- 채전받 한 귀퉁이 가지지 모ː탄 여자예요.

남편 되는 사람이 운전조차 할 줄 모르는 쑥맥이라서

- 남편 되는 사ː라미 운ː전조차 할 줄(쭐) 모ː르는 쑹매기라서

언제나 버스만 타고 다닌 여자예요.

- 언ː제나 버스만 타고 다닌 여자예요.

돈을 아끼느라 꽤나 먼 시장 길도 걸어 다니고

- 도ː늘 아끼느라 꽤나 먼ː 시ː장 길도 거러 다니고

싸구려 미장원에만 골라 다닌 여자예요.

- 싸구려 미ː장워네만 골라 다닌 여자예요.

너무 그러지 마시어요.

- 너무 그러지 마ː시어요.

가난한 자의 기도를 잘 들어 응답해주시는 하나님,

- 가난한 자의(에) 기도를 잘 드러 응ː다패주시는 하나님,

저의 아내 되는 사람에게

− 저의(에) 아내 되는 사ː라메게

너무 섭섭하게

− 너무 섭써파게

그러지 마시어요.

− 그러지 마ː시어요.

[원문에 표준발음 직접 표기하기] − ː =장음, <u>가</u>(밑줄) =된소리, *가(기울임)* =거센소리.

너무 그러지 마ː시어요 / 시 나태주. 낭ː송 ○○○.

 너무 그러지 마ː시어요. 너무 섭섭하게 그러지 마ː시어요. 하나님, 저에게가 아니에요. 저의 아내 되는 여자에게 *그렇게* 하지 말아달라는 말ː씀이에요. 이 여자는 젊어서부터 병ː과 더불어 <u>약</u>과 더불어 산ː 여자예요. 세ː상에 대ː한 꿈도 없ː고 그 어떤 사ː람보다도 죄ː를 안 만든 여자예요. <u>신장에</u> 구두도 *많ː지* 않은 여자구요, 장롱에 비싸고 좋ː은 <u>옷도</u> 여러 벌 가지지 *못ː한* 여자예요. 한 남자의 아내로서 그ː림자로 <u>살았고</u> 두ː 아이의 엄마로서 울ː면서 기도하는 <u>능력밖엔</u> 없ː는 여자이지요. 자기 이름으로 꽃밭 한 평, 채전밭 한 귀퉁이 가지지 *못ː한* 여자예요. 남편 되

는 사:람이 운:전조차 할 줄 모르는 쑥맥이라서 언:제나 버스만 타고 다
닌 여자예요. 돈:을 아끼느라 꽤나 먼: 시:장 길도 걸어 다니고 싸구려
미: 장원에만 골라 다닌 여자예요. 너무 그러지 마:시어요. 가난한 자의
기도를 잘 들어 웅:답해주시는 하나님, 저의 아내 되는 사:람에게 너무
섭섭하게 그러지 마:시어요.

104 박형권의 「우두커니」

우두커니 / 박형권

겨울 상추 좀 먹어야겠다고 지푸라기를 덮어둔 산 아래 밭에
상추 어루만지러 어머니 가시고
빵 딸기우유 사서 뒤따라 어머니 밟으신 길 어루만지며 가는데
농부 하나 밭둑에 우두커니 서 있다
아무것도 없는 밭 하염없이 보고 있다
머리 위로 까치 지나가다 똥을 찍 갈겨도 혹시 가슴에 깻잎 심어두어서
까치 똥 반가이 거두는 것인지
피하지 않는다
무얼 보고 있는 것일까
누굴 기다리는 것일까
아무것도 없는 밭에서 서 있을 줄 알아야 농부인 것일까
내가 어머니에게 빵 우유 드리면서 손 한번 지그시 어루만져보는 것처럼

그도 뭔가 어루만지고 있긴 한데

통 모르겠다

뭐 어쨌거나

달이 지구를 어루만지듯 우주가 허공을 어루만지듯

그것을 내가 볼 수 없듯이

뭘 어루만지고 있다

가만히 서 있는 것이 어루만지는 경지라면

나도 내 마음속에 든 사람 꺼내지 않고 그냥 그대로 두고

서 있고 싶다

그냥 멀찍이 서서 겨울 밭처럼 다 비워질 때까지 그 사람의 배경 되는 것으로

나를 어루만지고 싶다

앞으로는

참을 수 없이 그대를 어루만지고 싶으면

어떤 길을 걷다가도 길 가운데 사뭇 서야겠다

상추 한 아름 받쳐 들고 내려오며 보니 마른 풀도 사철나무도 농협 창고도

지그시 지그시 오래 서 있었다

- 시집 『우두커니』 (실천문학사, 2009년 10월 13일) 16~17쪽.

[원본 또는 정본 확인 과정]

박형권 시집 『우두커니』에서 원본을 확보하였다.

[참고본 또는 이본]
참고본 이본은 생략한다.

[시인 소개]
박형권 시인

출생 : 1961년 부산, 경남대학교 사학과 졸업.
데뷔 : 2006년 『현대시학』으로 등단.
저서 : 시집『우두커니』『전당포는 항구다』『도축사 수첩 』
수상 : 김달진창원문학상, 한국안데르센상, 아르코창작기금수혜.

[시의 이해]

　박형권 시인은 신경림 시인의 농촌시 계보를 잇는다는 평가를 받을 만큼 '어촌시'를 주로 쓴다. 조개농사를 짓는 시인의 삶에서 농촌의 모습과 어촌의 모습이 잔잔하게 다가온다. '우두커니' 서 있는 것이 허수아비인지 아니면 먼발치에서 바라본 농부의 모습인지는 확인할 수 없으나 무엇에겐가 골몰하고 있는 것은 확실하다. '아무것도 없는 밭에서 서 있을 줄 알아야 농부인 것'처럼 무엇인가에 이끌리듯 자기의 일에 골몰하는 것은 아름답다.

[장단음 연구]
〈장음〉

뒤ː따라, 아ː무것도, 없ː는, 까ː치, 피ː하지, 모ː르겠다. 뭐ː, 우ː주가, 없ː

듯이, 뭘:, 속:에, 사:람, 다:, 사:람의, 배:경되는, 없:이 걷:다가도, 사:철나무.

[된소리, 거센소리, 예사소리]
〈된소리=경음화〉
먹어야겠다고-머거야겓따고, 밭둑에-받뚜게, 있다-읻따, 아무것도-아:무걷또, 혹시-혹씨, 있긴-읻낀, 모르겠다-모:르겓따, 어쨌거나-어쨛꺼나, 없듯이-업:뜨시, 있고-읻꼬, 싶다-십따, 걷다가도-걷:따가도, 서야겠다-서야겓따, 있었다-이썯따.
〈거센소리=격음화〉
않고-안코

[조사 '의'의 발음]
이 시에는 아래처럼 조사 '의'가 등장한다.
    '그 사람의 배경되는 것으로'
'의'로 발음하기를 권한다.

[띄어읽기와 끊어읽기]
'낭송의 실제'를 참고 하기 바란다.

[중요 낱말 및 시어 시구 풀이]
우두커니 : 「부사」넋이 나간 듯이 가만히 한자리에 서 있거나 앉아 있

는 모양.

[낭송의 실제]

우두커니 / 박형권
- 우두커니 / 시. 박형권. 낭ː송 ○○○.

겨울 상추 좀 먹어야겠다고 지푸라기를 덮어둔 산 아래 밭에
- 겨울 상추 좀 머거야겓따고 지푸라기를 더퍼둔 산 아래 바테
상추 어루만지러 어머니 가시고
- 상추 어루만지러 어머니 가시고
빵 딸기우유 사서 뒤따라 어머니 밟으신 길 어루만지며 가는데
- 빵 딸ː기우유 사서 뒤ː따라 어머니 발브신 길 어루만지며 가는데
농부 하나 밭둑에 우두커니 서 있다
- 농부 하나 받뚜게 우두커니 서 읻따
아무것도 없는 밭 하염없이 보고 있다
- 아ː무걷또 엄ː는 받 하여멉씨 보고 읻따
머리 위로 까치 지나가다 똥을 찍 갈겨도 혹시 가슴에 깻잎 심어두어서
- 머리 위로 까ː치 지나가다 똥을 찍 갈겨도 혹씨 가스메 깬닙 시

머두어서

까치 똥 반가이 거두는 것인지

- 까:치 똥 반가이 거두는 거신지

피하지 않는다

- 피:하지 안는다

무얼 보고 있는 것일까

- 무얼 보고 인는 거실까

누굴 기다리는 것일까

- 누굴 기다리는 거실까

아무것도 없는 밭에서 서 있을 줄 알아야 농부인 것일까

- 아:무걷또 엄:는 바테서 서 이쓸 줄(쭐) 아라야 농부인 거실까

내가 어머니에게 빵 우유 드리면서 손 한번 지그시 어루만져보는 것처럼

- 내가 어머니에게 빵 우유 드리면서 손 한번 지그시 어루만저보는 걷처럼

그도 뭔가 어루만지고 있긴 한데

- 그도 뭔:가 어루만지고 읻낀 한데

통 모르겠다

- 통 모:르겓따

뭐 어쨌거나

- 뭐: 어쨷꺼나

달이 지구를 어루만지듯 우주가 허공을 어루만지듯

— 다리 지구를 어루만지듣 우:주가 허공을 어루만지듣

그것을 내가 볼 수 없듯이

— 그거슬 내가 볼 수(쑤) 업:뜨시

뭘 어루만지고 있다

— 뭘: 어루만지고 읻따

가만히 서 있는 것이 어루만지는 경지라면

— 가만히 서 인는 거시 어루만지는 경지라면

나도 내 마음속에 든 사람 꺼내지 않고 그냥 그대로 두고

— 나도 내 마음쏘게 든 사:람 꺼:내지 안코 그냥 그대로 두고

서 있고 싶다

— 서 읻꼬 십따

그냥 멀찍이 서서 겨울 밭처럼 다 비워질 때까지 그 사람의 배경 되는 것으로

— 그냥 멀찌기 서서 겨울 받처럼 다: 비워질 때까지 그 사:라믜(메) 배:경 되는 거스로

나를 어루만지고 싶다

— 나를 어루만지고 십따

앞으로는

— 아프로는

참을 수 없이 그대를 어루만지고 싶으면

— 차믈 수 업:씨 그대를 어루만지고 시프면

어떤 길을 걷다가도 길 가운데 사뭇 서야겠다

– 어떤 기를 걷:따가도 길 가운데 사운 서야겓따

상추 한 아름 받처 들고 내려오며 보니 마른 풀도 사철나무도 농협창고도

– 상추 한 아름 받처 들고 내려오며 보니 마른 풀도 사:철라무도 농협창고도

지그시 지그시 오래 서 있었다

– 지그시 지그시 오래 서 이썬따

[원문에 표준발음 직접 표기하기] – : =장음, *가*(밑줄) =된소리, *가*(기울임) =거센소리.

우두커니 / 시. 박형권. 낭:송 ○○○.

겨울 상추 좀 먹어야겠다고 지푸라기를 덮어둔 산 아래 밭에
상추 어루만지러 어머니 가시고
빵 딸:기우유 사서 뒤: 따라 어머니 밟으신 길 어루만지며 가는데
농부 하나 밭둑에 우두커니 서 있다
아:무것도 없:는 밭 하염없이 보고 있다
머리 위로 까: 치 지나가다 똥을 찍 갈겨도 혹시 가슴에 깻잎 심어두어서
까:치 똥 반가이 거두는 것인지
피:하지 않는다

무얼 보고 있는 것일까

누굴 기다리는 것일까

아:무것도 없:는 밭에서 서 있을 줄 알아야 농부인 것일까

내가 어머니에게 빵 우유 드리면서 손 한번 지그시 어루만져보는 것처럼

그도 뭔:가 어루만지고 있긴 한데

통 모:르겠다

뭐: 어쨌거나

달이 지구를 어루만지듯 우:주가 허공을 어루만지듯

그것을 내가 볼 수 없:듯이

뭘: 어루만지고 있다

가만히 서 있는 것이 어루만지는 경지라면

나도 내 마음속에 든 사:람 꺼:내지 않고 그냥 그대로 두고

서 있고 싶다

그냥 멀찍이 서서 겨울 밭처럼 다: 비워질 때까지 그 사:람의 배:경 되는 것으로

나를 어루만지고 싶다

앞으로는

참을 수 없:이 그대를 어루만지고 싶으면

어떤 길을 걷:다가도 길 가운데 사뭇 서야겠다

상추 한 아름 받쳐 들고 내려오며 보니 마른 풀도 사:철나무도 농협 창고도

지그시 지그시 오래 서 있었다

105 함민복의 「눈물은 왜 짠가」

눈물은 왜 짠가 / 함민복

지난 여름이었습니다 가세가 기울어 갈 곳이 없어진 어머니를 고향 이모님 댁에 모셔다드릴 때의 일입니다 어머니는 차 시간도 있고 하니까 요기를 하고 가자시며 고깃국을 먹으러 가자고 하셨습니다 어머니는 한평생 중이염을 앓아 고기만 드시면 귀에서 고름이 나오곤 했습니다 그런 어머니가 나를 위해 고깃국을 먹으러 가자고 하시는 마음을 읽자 어머니 이마의 주름살이 더 깊게 보였습니다 설렁탕집에 들어가 물수건으로 이마에 흐르는 땀을 닦았습니다
"더울 때일수록 고기를 먹어야 더위를 안 먹는다 고기를 먹어야 하는데…… 고깃국물이라도 되게 먹어둬라"
설렁탕에 다대기를 풀어 한 댓 숟가락 국물을 떠먹었을 때였습니다 어머니가 주인 아저씨를 불렀습니다 주인 아저씨는 뭐 잘못된 게 있나 싶었던지 고개를 앞으로 빼고 의아해하며 다가왔습니다 어머니는 설렁탕에 소금을 너무 많이 풀어 짜서 그런다며 국물을 더 달라고 했습니다 주인 아저씨는 흔쾌히 국물을 더 갖다주었습니다 어머니는 주인 아

저씨가 안 보고 있다 싶어지자 내 투가리에 국물을 부어주셨습니다 나는 당황하여 주인 아저씨를 흘금거리며 국물을 더 받았습니다 주인 아저씨는 넌지시 우리 모자의 행동을 보고 애써 시선을 외면해주는 게 역력했습니다 나는 국물을 그만 따르시라고 내 투가리로 어머니 투가리를 툭, 부딪쳤습니다 순간 투가리가 부딪히며 내는 소리가 왜 그렇게 서럽게 들리던지 나는 울컥 치받치는 감정을 억제하려고 설렁탕에 만 밥과 깍두기를 마구 씹어댔습니다 그러자 주인 아저씨는 우리 모자가 미안한 마음 안 느끼게 조심, 다가와 성냥갑만 한 깍두기 한 접시를 놓고 돌아서는 거였습니다 일순, 나는 참고 있던 눈물을 찔끔 흘리고 말았습니다 나는 얼른 이마에 흐른 땀을 훔쳐내려 눈물을 땀인 양 만들어놓고 나서, 아주 천천히 물수건으로 눈동자에서 난 땀을 씻어냈습니다 그러면서 속으로 중얼거렸습니다

　눈물은 왜 짠가

- 출처 : 함민복 산문집 『눈물은 왜 짠가』 도서출판 이레, 2003년 2월, 49쪽~50쪽.

[원본 또는 정본 확인 과정]

함민복 산문집 『눈물은 왜 짠가』 도서출판 이레에서 원본을 확보하였다.

[참고본 또는 이본]

참고본 이본은 생략한다.

[시인 소개]

함민복 시인

출생 : 1962년 충북 충주시

데뷔 : 1988년 세계의 문학 '성선설' 등단

수상 : 2005년 김수영문학상

학력 : 서울예술전문대학 문예창작과

저서 : 『자본주의의 약속』, 『우울氏의 一日』, 『모든 경계에는 꽃이 핀다』

[시의 이해]

　이 작품은 '시'로 발표되었다가 산문집에도 발표가 되어 '수필'이기도 하다. 가끔 수필을 낭독 또는 낭송하는 경우가 있는데 '낭송'을 한다고 다 시로 아는 분이 있다. 낭송에는 시조 또는 수필도 있기에 '산문시' 또는 '수필'이라고 답을 할 수 있어야 한다.

　이 작품의 경우는 문장부호가 생략되어 '산문시'로 분류된다.

　어느 때부터인가 산문시가 대세를 이룬 후 산문과 운문의 경계가 모호해지고 있다.

〈법보신문 기사〉

　한 남자가 있습니다. 그는 공업고등학교를 졸업했고 원자력 발전소에

서 잠깐 근무하기도 했지만 글을 쓰고 싶다는 생각에 직장을 그만두었습니다. 그리고 이후 그는 글 쓰는 일에 매진했습니다. 그의 아주 짧은 시 한 편을 소개하면 이렇습니다.

　글 쓰는 생활 결심한 시인
　가난한 시골 거친 삶 택해

　자식 배곯을까 걱정한 어머니
　"짜다"며 설렁탕 국물 더 얻어
　자식 투가리에 몰래 덜어줘

　그 순간 기록한 시인의 글은
　가난 각오한 소명의 결실
　숭고한 길 가는 이 있기에
　국물 짠 이유 비로소 알게 돼

'손가락이 열 개인 것은 어머님 배 속에서 몇 달 은혜 입나 기억하려는 태아의 노력 때문인지도 모릅니다.'

- '성선설' 전문

이렇게 짧은 시로 문단에 데뷔한 이후 시인은 강화도로 들어갑니다. 그곳에서 생활을 하면서, 오직 글을 쓰는 사람으로서 살아가기로 결심한 것입니다. '생활을 하면서'라는 말에는, 여느 보통 사람들과 다르지 않은 삶을 살아간다는 뜻입니다.

시를 위한다며 예술혼을 불태우는 게 아니라, 거친 노동도 하고, 이웃과 어울리며 살아가면서 세상을 자분자분 들여다보고 어느 순간 단어들이 뚜벅뚜벅 가슴에서 걸어 나오면 그걸 글자로 옮기는 그런 삶을 살기로 한 것입니다.

가난한 삶을 택한 결과 그의 작품에는 늘 생계의 비린내가 풍깁니다. 게다가 홀어머니를 모시지 못하는(못하는지 안하는지 잘 모르겠지만) 자신의 처지에 대한 안타까움과 어머니에 대한 애상이 배경으로 깔려 있습니다.

시인의 홀어머니는 참 딱한 사정에 처해 있습니다. 젊어서부터 가난한 살림을 억척스레 돌보아왔지만, 지금 여럿 있는 자식들 중에 누구 하나 어머니를 모실만한 형편은 못 되는 것 같습니다. 게다가 그 어머니는 오랜 시간 중이염을 앓았던 터라 소리를 잘 듣지 못합니다. 이런 상황인 만큼 시인이 두 팔을 걷고 어머니를 모시겠다고 나설 수도 있었을 겁니다. 아니 나서야만 했습니다.

하지만 막 시인의 삶을 시작한 그는 너무나 가난했습니다. 그리고 독자인 내 짐작으로는, 생계를 위한 밥벌이를 하지 않겠노라고 작정했기 때문에 그는 어머니를 모실 수가 없었습니다.

어머니 쪽은 어떨까요? 어쩌면 아들이 제 앞가림을 해서 늘그막에 의지처가 되어주었으면 하는 바람도 있었을 것입니다. 하지만 어머니는 온통 아들 걱정뿐입니다. 이런 지경에서 나온 그의 산문이 바로 저 유명한 '눈물은 왜 짠가'입니다.

어쩌면 이런 시인 아들을 두고서 '얼른 취직해서 어머니 모시고 효도할 일이지 무슨 싸구려 감상인가'라며 비난하는 사람도 있을 것입니다. 딴은 이런 비난이 맞을 수도 있습니다. 하지만 시인의 사명은 보통 사람들과는 좀 다른 방향을 향해 있는 게 틀림없습니다. 시인도 생계를 꾸려야만 합니다.

하지만 생계라는 일상에 자신을 묻어버리지 않고, 비탈진 언덕에서 비스듬하게 매달려 일상을 지켜보는 사람이 시인이라 생각합니다. 그런 관찰이 있기에 우리는 가난하고 귀가 먼 어머니의 자식사랑과, 서툰 속임수와, 보고도 못 본 척 속아 넘어가 주는 식당주인과, 깍두기 한 접시에 담긴 뜻과, 그리고 눈물이 짠 이유까지도 알게 되는 것이겠지요.

모두가 제 살기 바빠서 팔을 걸어붙이고 앞으로 달음박질쳐 나가는 요즈음, 누군가는 이 시인처럼 뒤로 물러서기도 해야 합니다. 우리의 치열한 몸부림에 인심과 인정은 힘없이 스러져가고 있습니다. 그런 인심과 인정을 다독이고 일으켜 세우는 일을 하는 사람도 있어야겠지요. 시인이 그와 같은 사람이요, 수행자도 그와 같은 사람이 아닐까요? 그러기 위해 가난을 자처한 사람들이기 때문입니다.

제 어머니에게 효도하지 못한다는 죄책감에 평생을 번민하면서도 자신이 선택한 그 길을 꿋꿋하게 걸어가는 사람입니다. 그의 걸음은 비틀거릴 테고, 그런 만큼 그 입에서 나온 말과 손끝에서 빚어낸 글은 처절할 수밖에 없습니다. 하지만 함부로 쏟아내지 않고 몸 안에서 어르고 달래다 쏟아낸 언어라서 아름다울 수밖에 없습니다. 그 아름다움에 우리는 잊었던 서정을 회복합니다.

- 법보신문 2014. 12. 17

[장단음 연구]
〈장음〉
왜:, 없:어진, 모:셔다드릴, 일:입니다, 했:습니다, 되:게, 댓:, 빼:고, 많:이, 모:자의, 애:써, 시:선을, 외:면해주는, 내:는, 서:럽게, 감:정을, 모:자가, 조:심, 참:고, 천:천히, 속:으로.

[된소리, 거센소리, 예사소리]
〈된소리=경음화〉
여름이었습니다-여르미얻씀니다, 없어진-업:써진, 있고-읻꼬, 고깃국을-고기꾸글, 하셨습니다-하셛씀니다, 했습니다-핻:씀니다, 읽자-익짜, 주름살이-주름싸리, 깊게-깁께, 보였습니다-보엳씀니다, 닦았습니다-다깓씀니다, 물수건으로-물쑤거느로, 때일수록-때일쑤록, 고깃국물이라도-고기(긷)꿍무리라도, 숟가락-숟까락, 때였습니다-때엳씀니다, 불렀습니다-불럳씀니다, 잘못된 게-잘몯뙨 게, 싫었던지-시런떤지, 다가왔습니다-다가왇씀니다, 갔다주었습니다-갇따주얻씀니다, 있다-읻따, 부어주셨습니다-부어주셛씀니다, 받았습니다-바닫씀니다, 역력했습니다-영녀캗씀니다, 부딪쳤습니다-부딛천씀니다, 서럽게-서:럽께, 억제하려고-억쩨하려고, 밥과-밥꽈, 깍두기-깍뚜기, 씹어댔습니다-씨버댇씀니다, 성냥갑만 한-성냥깜만 한, 접시-접씨, 거였습니다-거엳씀니다, 일순-일쑨, 참고 있던-참:꼬 읻떤, 말았습니다-마랃씀니다, 눈동자-눈똥자, 씻어냈습니다-씨서낻씀니다, 중얼거렸습니다-중얼거렫씀니다.

⟨거센소리=격음화⟩
역력했습니다-영녀캗씀니다, 부딪히며-부디치며, 그렇게-그러케, 놓고-노코, 만들어놓고-만드러노코.

[조사 '의' 의 발음]

이 글에는 아래와 같이 조사 '의'가 등장한다.
'에'로 발음하여도 큰 문제는 없겠으나 꾸준히 '의'로 발음하는 연습을 하여야 한다.

'모셔다드릴 때의 일입니다'

'어머니 이마의 주름살이 더 깊게 보였습니다'

'우리 모자의 행동을 보고 애써 시선을 외면해주는 게 역력했습니다'

[띄어읽기와 끊어읽기]

이 작품은 산문시이기도 하고 수필이기도 하다. 그러므로 시행이 없기 때문에 문장을 잘 분석하여 다음과 같이 띄어 읽는다.

1) 어두와 주어와 목적어.
2) 강조하고 싶은 단어.
3) 문장과 문장 사이.
4) '6하원칙'으로 된 문장. -언제, 어디서, 누가, 무엇을, 어떻게, 왜.
5) 문장의 내용이 같은 것은 연결되는 느낌으로 낭송하고, 내용이 다른 문장은 음의 톤을 다르게 낭송한다.

[중요 낱말 및 시어 시구 풀이]

다대기 : [일본어] 양념의 하나. 끓는 간장이나 소금물에 마늘, 생강 따위를 다져 넣고 고춧가루를 뿌려 끓인 다음, 기름을 쳐서 볶은 것으로, 얼큰한 맛을 내는 데 쓴다.

투가리 : '뚝배기'의 방언(강원, 경북, 전라, 충청)

[낭송의 실제]

눈물은 왜 짠가 / 함민복

– 눈무른 왜 : 짠가 / 시(글) 함민복. 낭 : 송 ○○○.

지난 여름이었습니다 가세가 기울어 갈 곳이 없어진 어머니를 고향 이모님 댁에 모셔다드릴 때의 일입니다 어머니는 차 시간도 있고 하니까 요기를 하고 가자시며 고깃국을 먹으러 가자고 하셨습니다 어머니는 한평생 중이염을 앓아 고기만 드시면 귀에서 고름이 나오곤 했습니다 그런 어머니가 나를 위해 고깃국을 먹으러 가자고 하시는 마음을 읽자 어머니 이마의 주름살이 더 깊게 보였습니다 설렁탕집에 들어가 물수건으로 이마에 흐르는 땀을 닦았습니다

– 지난 여르미얼씀니다 가세가 기우러 갈 고시(꼬시) 업 : 써진 어머니를 고향 이모님 대게 모 : 셔다드릴 때의(에) 이 : 림니다 어머니는 차 시간도 읻꼬 하니까 요기를 하고 가자시며 고기(긷)꾸글 머그러 가자고 하셛씀니다 어머니는 한평생 중이여믈 아라 고기만 드시면 귀에서 고르미 나오곤 핻 : 씀니다 그런 어머니가 나를 위해 고기(긷)꾸글 머그러 가자고 하시는 마으믈 익짜 어머니 이마의(에) 주름싸리 더 깁께 보엳씀니다 설렁탕지베 드러가 물쑤거느로 이마에 흐르는 따믈 다깓씀니다

"더울 때일수록 고기를 먹어야 더위를 안 먹는다 고기를 먹어야 하는

데…… 고깃국물이라도 되게 먹어둬라"

　－"더울 때일쑤록 고기를 머거야 더위를 안 멍는다 고기를 머거야 하는데…… 고기(긷)꿍무리라도 되(뒈) : 게 머거둬라"

　설렁탕에 다대기를 풀어 한 댓 숟가락 국물을 떠먹었을 때였습니다 어머니가 주인 아저씨를 불렀습니다 주인 아저씨는 뭐 잘못된 게 있나 싶었던지 고개를 앞으로 빼고 의아해하며 다가왔습니다 어머니는 설렁탕에 소금을 너무 많이 풀어 짜서 그런다며 국물을 더 달라고 했습니다 주인 아저씨는 흔쾌히 국물을 더 갖다주었습니다 어머니는 주인 아저씨가 안 보고 있다 싶어지자 내 투가리에 국물을 부어주셨습니다 나는 당황하여 주인 아저씨를 흘금거리며 국물을 더 받았습니다 주인 아저씨는 넌지시 우리 모자의 행동을 보고 애써 시선을 외면해주는 게 역력했습니다 나는 국물을 그만 따르시라고 내 투가리로 어머니 투가리를 툭, 부딪쳤습니다 순간 투가리가 부딪히며 내는 소리가 왜 그렇게 서럽게 들리던지 나는 울컥 치받치는 감정을 억제하려고 설렁탕에 만 밥과 깍두기를 마구 씹어댔습니다 그러자 주인 아저씨는 우리 모자가 미안한 마음 안 느끼게 조심, 다가와 성냥갑만 한 깍두기 한 접시를 놓고 돌아서는 거였습니다 일순, 나는 참고 있던 눈물을 찔끔 흘리고 말았습니다 나는 얼른 이마에 흐른 땀을 훔쳐내려 눈물을 땀인 양 만들어놓고 나서, 아주 천천히 물수건으로 눈동자에서 난 땀을 씻어냈습니다 그러면서 속으로 중얼거렸습니다

　눈물은 왜 짠가

　－설렁탕에 다대기를 푸러 한 댓: 숟까락 궁무를 떠머거쓸 때옏씀

니다 어머니가 주인 아저씨를 불럳씀니다 주인 아저씨는 뭐ː 잘몯뙨(뛘) 게 인나 시펃떤지 고개를 아프로 빼ː고 의아해하며 다가왇씀니다 어머니는 설렁탕에 소그를 너무 마ː니 푸러 짜서 그런다며 궁무를 더 달라고 핻ː씀니다 주인 아저씨는 흔쾌히 궁무를 더 갇따주얻씀니다 어머니는 주인 아저씨가 안 보고 읻따 시퍼지자 내 투가리에 궁무를 부어주셛씀니다 나는 당황하여 주인 아저씨를 흘금거리며 궁무를 더 바닫씀니다 주인 아저씨는 넌지시 우리 모ː자의(에) 행동을 보고 애ː써 시ː서늘 외(웨)ː면해주는 게 영녀캗씀니다 나는 궁무를 그만 따르시라고 내 투가리로 어머니 투가리를 툭, 부딛쳗씀니다 순간 투가리가 부디치며 내ː는 소리가 왜ː 그러케 서ː럽께 들리던지 나는 울컥 치받치는 감ː정을 억쩨하려고 설렁탕에 만 밥꽈 깍뚜기를 마구 씨버댇씀니다 그러자 주인 아저씨는 우리 모ː자가 미안한 마음 안 느끼게 조ː심, 다가와 성냥깜만 한 깍뚜기 한 접씨를 노코 도라서는 거엳씀니다 일쑨, 나는 참ː꼬 읻떤 눈무를 찔끔 흘리고 마랃씀니다 나는 얼른 이마에 흐른 따믈 훔처내려 눈무를 따민 양 만드러노코 나서, 아주 천ː천히 물쑤거느로 눈똥자에서 난 따믈 씨서낻씀니다 그러면서 소ː그로 중얼거렫씀니다

눈무른 왜ː 짠가

[산문 시행을 율행으로 바꾸어 낭송하기]

눈물은 왜 짠가 / 함민복

- 눈무른 왜 : 짠가 / 시 함민복. 낭 : 송 ○○○.

지난 여름이었습니다
- 지난 여르미얻씀니다

가세가 기울어 갈 곳이 없어진 어머니를
- 가세가 기우러 갈 고시(꼬시) 업 : 써진 어머니를

고향 이모님 댁에 모셔다드릴 때의 일입니다
- 고향 이모님 대게 모 : 셔다드릴 때의(에) 이 : 림니다

어머니는 차 시간도 있고 하니까
- 어머니는 차 시간도 읻꼬 하니까

요기를 하고 가자시며
- 요기를 하고 가자시며

고깃국을 먹으러 가자고 하셨습니다
- 고기(긷)꾸글 머그러 가자고 하셛씀니다

어머니는 한평생 중이염을 앓아
- 어머니는 한평생 중이여믈 아라

고기만 드시면 귀에서 고름이 나오곤 했습니다
- 고기만 드시면 귀에서 고르미 나오곤 핻 : 씀니다

그런 어머니가 나를 위해 고깃국을 먹으러 가자고 하시는 마음을 읽

자

　- 그런 어머니가 나를 위해 고기(긴)꾸글 머그러 가자고 하시는 마
으을 익짜

어머니 이마의 주름살이 더 깊게 보였습니다

　- 어머니 이마의(에) 주름싸리 더 깁게 보엳씀니다

설렁탕집에 들어가 물수건으로

　- 설렁탕지베 드러가 물쑤거느로

이마에 흐르는 땀을 닦았습니다

　- 이마에 흐르는 따믈 다깓씀니다

"더울 때일수록 고기를 먹어야 더위를 안 먹는다 고기를 먹어야 하
는데……

　- "더울 때일쑤록 고기를 머거야 더위를 안 멍는다 고기를 머거
야 하는데……

고깃국물이라도 되게 먹어둬라"

　- 고기(긴)꿍무리라도 되(뒈) : 게 머거둬라"

설렁탕에 다대기를 풀어 한 댓 순가락 국물을 떠먹었을 때였습니다

　- 설렁탕에 다대기를 푸러 한 댇 : 숟까락 궁무를 떠머거쓸 때열
씀니다

어머니가 주인 아저씨를 불렀습니다

　- 어머니가 주인 아저씨를 불럳씀니다

주인 아저씨는 뭐 잘못된 게 있나 싶었던지

　- 주인 아저씨는 뭐 : 잘몯뙨(뛘) 게 인나 시펀떤지

고개를 앞으로 빼고 의아해하며 다가왔습니다

- 고개를 아프로 빼ː고 의아해하며 다가왇씀니다

어머니는 설렁탕에 소금을 너무 많이 풀어 짜서 그런다며

- 어머니는 설렁탕에 소그믈 너무 마ː니 푸러 짜서 그런다며

국물을 더 달라고 했습니다

- 궁무를 더 달라고 핻ː씀니다

주인 아저씨는 흔쾌히 국물을 더 갖다주었습니다

- 주인 아저씨는 흔쾌히 궁무를 더 갇따주얻씀니다

어머니는 주인 아저씨가 안 보고 있다 싶어지자

- 어머니는 주인 아저씨가 안 보고 읻따 시퍼지자

내 투가리에 국물을 부어주셨습니다

- 내 투가리에 궁무를 부어주셛씀니다

나는 당황하여 주인 아저씨를 흘금거리며 국물을 더 받았습니다

- 나는 당황하여 주인 아저씨를 흘금거리며 궁무를 더 바닫씀니다

주인 아저씨는 넌지시 우리 모자의 행동을 보고 애써

- 주인 아저씨는 넌지시 우리 모ː자의(에) 행동을 보고 애ː써

시선을 외면해주는 게 역력했습니다

- 시ː서늘 외(웨)ː면해주는 게 영녀캗씀니다

나는 국물을 그만 따르시라고

- 나는 궁무를 그만 따르시라고

내 투가리로 어머니 투가리를 툭, 부딪쳤습니다

- 내 투가리로 어머니 투가리를 툭, 부딛첟씀니다

순간 투가리가 부딪히며 내는 소리가 왜 그렇게 서럽게 들리던지

- 순간 투가리가 부디치며 내ː는 소리가 왜ː 그러케 서ː럽께 들리던지

나는 울컥 치받치는 감정을 억제하려고

- 나는 울컥 치받치는 감ː정을 억쩨하려고

설렁탕에 만 밥과 깍두기를 마구 씹어댔습니다

- 설렁탕에 만 밥꽈 깍뚜기를 마구 씨버댇씀니다

그러자 주인 아저씨는 우리 모자가 미안한 마음 안 느끼게 조심,

- 그러자 주인 아저씨는 우리 모ː자가 미안한 마음 안 느끼게 조ː심,

다가와 성냥갑만 한 깍두기 한 접시를 놓고 돌아서는 거였습니다 일순,

- 다가와 성냥깜만 한 깍뚜기 한 접씨를 노코 도라서는 거엳씀니다 일쑨,

나는 참고 있던 눈물을 찔끔 흘리고 말았습니다

- 나는 참ː꼬 읻떤 눈무를 찔끔 흘리고 마랃씀니다

나는 얼른 이마에 흐른 땀을 훔쳐내려 눈물을 땀인 양 만들어놓고 나서,

- 나는 얼른 이마에 흐른 따믈 훔처내려 눈무를 따민 양 만드러 노코 나서,

아주 천천히 물수건으로 눈동자에서 난 땀을 씻어냈습니다

- 아주 천ː천히 물쑤거느로 눈똥자에서 난 따믈 씨서낻씀니다

그러면서 속으로 중얼거렸습니다

- 그러면서 소:그로 중얼거렫씀니다

눈물은 왜 짠가

- 눈무른 왜: 짠가

[원문에 표준발음 직접 표기하기] - : =장음, <u>가</u>(밑줄) =된소리, *가(기울임)*=거센소리.

눈물은 왜: 짠가 / 시 함민복. 낭:송 ○○○.

지난 <u>여름</u>이었습니다 가세가 기울어 갈 곳이 <u>없:</u>어진 어머니를 고향 이모님 댁에 모:셔다드릴 때의 <u>일:</u>입니다 어머니는 차 시간도 있고 하니까 요기를 하고 가자시며 고깃국을 먹으러 가자고 <u>하셨</u>습니다 어머니는 한평생 중이염을 앓아 고기만 드시면 귀에서 고름이 나오곤 <u>했:</u>습니다 그런 어머니가 나를 위해 <u>고깃국</u>을 먹으러 가자고 하시는 마음을 읽자 어머니 이마의 <u>주름살</u>이 더 깊게 <u>보였</u>습니다 설렁탕집에 들어가 <u>물수건</u> 으로 이마에 흐르는 땀을 <u>닦았</u>습니다

"더울 때일수록 고기를 먹어야 더위를 안 먹는다 고기를 먹어야 하는데…… <u>고깃국물이라도 되:</u>게 먹어둬라"

설렁탕에 다대기를 풀어 한 댓: <u>숟가락</u> 국물을 떠먹었을 때였습니다 어머니가 주인 아저씨를 <u>불렀</u>습니다 주인 아저씨는 뭐 <u>잘못된</u> 게 있나 싶었던지 고개를 앞으로 빼:고 의아해하며 <u>다가왔습니다</u> 어머니는 설렁

탕에 소금을 너무 많:이 풀어 짜서 그런다며 국물을 더 달라고 했:습니다 주인 아저씨는 흔쾌히 국물을 더 갖다주었습니다 어머니는 주인 아저씨가 안 보고 있다 싶어지자 내 투가리에 국물을 부어주셨습니다 나는 당황하여 주인 아저씨를 흘금거리며 국물을 더 받았습니다 주인 아저씨는 넌지시 우리 모:자의 행동을 보고 애:써 시:선을 외:면해주는 게 역력했습니다 나는 국물을 그만 따르시라고 내 투가리로 어머니 투가리를 툭, 부딪쳤습니다 순간 투가리가 부딪히며 내:는 소리가 왜: 그렇게 서:럽게 들리던지 나는 울컥 치받치는 감:정을 억제하려고 설렁탕에 만 밥과 깍두기를 마구 씹어댔습니다 그러자 주인 아저씨는 우리 모:자가 미안한 마음 안 느끼게 조:심, 다가와 성냥갑만 한 깍두기 한 접시를 놓고 돌아서는 거였습니다 일순, 나는 참:고 있던 눈물을 찔끔 흘리고 말았습니다 나는 얼른 이마에 흐른 땀을 훔쳐내려 눈물을 땀인 양 만들어놓고 나서, 아주 천:천히 물수건으로 눈동자에서 난 땀을 씻어냈습니다 그러면서 속:으로 중얼거렸습니다

   눈물은 왜: 짠가

106 김승희의 「그래도라는 섬이 있다」

그래도라는 섬이 있다 / 김승희

가장 낮은 곳에
젖은 낙엽보다 더 낮은 곳에
그래도라는 섬이 있다
그래도 살아가는 사람들
그래도 사랑의 불을 꺼뜨리지 않는 사람들

세상에서 가장 아름다운 섬, 그래도
어떤 일이 있더라도
목숨을 끊지 말고 살아야 한다고
천사 같은 김종삼, 박재삼,
그런 착한 마음을 버려선 못쓴다고

부도가 나서 길거리로 쫓겨나고
인기 여배우가 골방에서 목을 매고

뇌출혈로 쓰러져
말 한마디 못 해도 가족을 만나면 반가운 마음,
중환자실 환자 옆에서도
힘을 내어 웃으며 살아가는 가족들의 마음속

그런 사람들이 모여 사는 섬, 그래도
그런 사람들이 모여 사는 섬, 그래도
그 가장 아름다운 것 속에
더 아름다운 피 묻은 이름,
그 가장 서러운 것 속에 더 타오르는 찬란한 꿈
누구나 다 그런 섬에 살면서도
세상의 어느 지도에도 알려지지 않은 섬,
그래서 더 신비한 섬,
그래서 더 가꾸고 싶은 섬, 그래도
그대 가슴속의 따스한 미소와 장밋빛 체온
이글이글 사랑에 눈이 부신 영광의 함성

그래도라는 섬에서
그래도 부둥켜안고
그래도 손만 놓지 않는다면
언젠가 강을 다 건너 빛의 뗏목에 올라서리라,
어디엔가 걱정 근심 다 내려놓은 평화로운

그래도, 거기에서 만날 수 있으리라

- 출처 : 김승희 시집 『희망이 외롭다』 문학동네, 1판 8쇄 2022. 5. 18~19쪽.

[원본 또는 정본 확인 과정]

김승희 시집 『희망이 외롭다』에서 원본을 확보하였다.

[참고본 또는 이본]

그래도라는 섬이 있다 / 김승희

가장 낮은 곳에
젖은 낙엽보다 더 낮은 곳에
그래도라는 섬이 있다
그래도 살아가는 사람들
그래도 사랑의 불을 꺼트리지 않는 사람들

세상에서 가장 아름다운 섬, 그래도,
어떤 일이 있더라도
목숨을 끊지 말고 살아야 한다고

천사 같은 김종삼, 박재삼,
그런 착한 마음을 버려선 못쓴다고

부도가 나서 길거리로 쫓겨나고
인기 여배우가 골방에서 목을 매고
뇌출혈로 쓰러져
말 한마디 못해도 가족을 만나면 반가운 마음,
중환자실 환자 옆에서도
힘을 내어 웃으며 살아가는 가족들의 마음속

그런 사람들이 모여 사는 섬, 그래도
그런 마음들이 모여 사는 섬, 그래도
그 가장 아름다운 것 속에
더 아름다운 피 묻은 이름,
그 가장 서러운 것 속에 더 타오르는 찬란한 꿈

누구나 다 그런 섬에 살면서도
세상의 어느 지도에도 알려지지 않은 섬,
그래서 더 신비한 섬,
그래서 더 가꾸고 싶은 섬 그래도,
그대 가슴속의 따스한 미소와 장밋빛 체온
이글이글 사랑과 눈이 부신 영광의 함성

〉
그래도라는 섬에서

그래도 부둥켜안고

그래도 손만 놓지 않는다면

언젠가 강을 다 건너 빛의 뗏목에 올라서리라.

어디엔가 걱정 근심 다 내려놓은 평화로운

그래도 거기에서 만날 수 있으리라

- 출처 : 김승희 산문집『그래도라는 섬이 있다』마음산책, 2007. 표제시. 6~7쪽.

[시인 소개]

김승희 시인. 대학교수.

출생 : 1952년 3월 1일. 광주.

학력 : 서강대학교 대학원 국문학박사.

데뷔 : 1973년 경향신문 신춘문예 당선

경력 : 서강대학교 국어 국문학과 교수

수상 : 2021. 제36회 만해문학상.

[시의 이해]

　우리나라의 섬의 수는 3,358개(해양수산부 3,382개)로 이 중 86%(2,918개)는 무인도 이다. 섬의 이름을 다 알 수는 없지만 이 많은 섬의 이름을 가지고 시를 쓴 시인이 참으로 많다. 필자도 '안면도'라는 시로 '언어유희'

의 시를 쓴 바 있다. 필자의 경우는 실제 존재하는 섬의 이름으로 시를 썼지만 '그래도'라는 섬은 실존하지 않는다. 그러나 그 섬이 실제로 존재한다면 이 시의 내용처럼 우린 '그래도' 살고 웃고 울면서 '그래도'라는 섬을 생각하면서 위안을 삼을 것 같다.

[발음 연구]
'낭송의 실제'를 참고하기 바란다.

[장단음 연구]
〈장음〉
섬ː이, 사ː람들, 세ː상에서, 섬ː, 일ː이, 말ː고, 못ː쓴다고, 골ː방에서, 매ː고, 말ː, 못ː, 해ː도, 중ː환자실, 환ː자, 사ː람들이, 속ː에, 서ː러운, 찬ː란한, 다ː, 섬ː에, 살ː면서도, 세ː상의, 함ː성, 언ː젠가, 건ː너.

[된소리, 거센소리, 예사소리]
〈된소리=경음화〉
있다-읻따, 낙엽보다-나겹뽀다, 있더라도-읻떠라도, 길거리로-길꺼리로, 쫓겨나고-쫃껴나고, 가족들의-가족뜨리(레), 마음속-마음쏙, 인기-인끼, 가슴속의-가스쏘긔(게), 장밋빛-장믿삗, 부둥켜안고-부둥켜안꼬, 걱정-걱쩡.

〈거센소리=격음화〉
끊지-끈치, 착한-차칸, 못해도-모ː태도, 놓지-노치,

[조사 '의'의 발음]

이 시에는 아래와 같이 조사 '의'가 등장한다.
'그래도 사랑의 불을 꺼뜨리지 않는 사람들'
'힘을 내어 웃으며 살아가는 가족들의 마음속'
'세상의 어느 지도에도 알려지지 않은 섬,'
'그대 가슴속의 따스한 미소와 장밋빛 체온'
'이글이글 사랑에 눈이 부신 영광의 함성'
'언젠가 강을 다 건너 빛의 뗏목에 올라서리라.'

모두 '에'로 발음하여도 무방한 것처럼 보이지만 '언젠가 강을 다 건너 빛의 뗏목에 올라서리라.'를 잘 발음해 보기 바란다. 한 행에 '의'와 '에'가 연달아 발음되어 어색하기도 하지만 주어가 모호해져 뜻의 전달에 문제가 생긴다.

[띄어읽기와 끊어읽기]

'낭송의 실제'를 참고 바란다.

[중요 낱말 및 시어 시구 풀이]

그래도 : 실존하지 않는 섬이다. -언어유희의 시다.

[낭송의 실제]

그래도라는 섬이 있다 / 김승희
- 그래도라는 서:미 읻따 / 시 김승희. 낭:송 ○○○, ○○○.

가장 낮은 곳에
- 가장 나즌 고세

젖은 낙엽보다 더 낮은 곳에
- 저즌 나겹뽀다 더 나즌 고세

그래도라는 섬이 있다
- 그래도라는 서:미 읻따

그래도 살아가는 사람들
- 그래도 사라가는 사:람들

그래도 사랑의 불을 꺼뜨리지 않는 사람들
- 그래도 사랑의(에) 부를 꺼뜨리지 안는 사:람들

세상에서 가장 아름다운 섬, 그래도
- 세:상에서 가장 아름다운 섬:, 그래도

어떤 일이 있더라도
- 어떤 이:리 읻떠라도

목숨을 끊지 말고 살아야 한다고
- 목쑤믈 끈치 말:고 사라야 한다고

천사 같은 김종삼, 박재삼,

- 천사 가튼 김종삼, 박재삼,

그런 착한 마음을 버려선 못쓴다고

- 그런 차칸 마으믈 버려선 몯ː쓴다고

부도가 나서 길거리로 쫓겨나고

- 부도가 나서 길꺼리로 쫃껴나고

인기 여배우가 골방에서 목을 매고

- 인끼 여배우가 골ː방에서 모글 매ː고

뇌출혈로 쓰러져

- 뇌출혈로 쓰러저

말 한마디 못 해도 가족을 만나면 반가운 마음,

- 말ː 한마디 몯ː 해ː도(모ː태도) 가조글 만나면 반가운 마음,

중환자실 환자 옆에서도

- 중ː환자실 환ː자 여페서도

힘을 내어 웃으며 살아가는 가족들의 마음속

- 히믈 내어 우스며 사라가는 가족뜨리(레) 마음쏙

그런 사람들이 모여 사는 섬, 그래도

- 그런 사ː람드리 모여 사ː는 섬ː, 그래도

그런 마음들이 모여 사는 섬, 그래도

- 그런 사ː람드리 모여 사ː는 섬ː, 그래도

그 가장 아름다운 것 속에

- 그 가장 아름다운 걷 소ː게

더 아름다운 피 묻은 이름,

- 더 아름다운 피 무든 이름,

그 가장 서러운 것 속에 더 타오르는 찬란한 꿈

- 그 가장 서ː러운 걷 소ː게 더 타오르는 찰ː란한 꿈

누구나 다 그런 섬에 살면서도

- 누구나 다ː 그런 서ː메 살ː면서도

세상의 어느 지도에도 알려지지 않은 섬,

- 세ː상의(에) 어느 지도에도 알려지지 아는 섬ː,

그래서 더 신비한 섬,

- 그래서 더 신비한 섬ː,

그래서 더 가꾸고 싶은 섬, 그래도

- 그래서 더 가꾸고 시픈 섬ː, 그래도

그대 가슴속의 따스한 미소와 장밋빛 체온

- 그대 가슴쏘긔(게) 따스한 미소와 장믿삗 체온

이글이글 사랑에 눈이 부신 영광의 함성

- 이그리글 사랑에 누니 부신 영광의(에) 함ː성

그래도라는 섬에서

- 그래도라는 서ː메서

그래도 부둥켜안고

- 그래도 부둥켜안꼬

그래도 손만 놓지 않는다면

- 그래도 손만 노치 안는다면

언젠가 강을 다 건너 빛의 뗏목에 올라서리라,

- 언:젠가 강을 다: 건:너 비칙(체×) 뗀모게 올라서리라,

어디엔가 걱정 근심 다 내려놓은 평화로운

- 어디엔가 걱쩡 근심 다: 내려노은 평화로운

그래도, 거기에서 만날 수 있으리라

- 그래도, 거기에서 만날 수(쑤) 이쓰리라

[원문에 표준발음 직접 표기하기] - : =장음, 가(밑줄) =된소리, *가*(기울임) =거센소리.

그래도라는 섬:이 있다 / 시 김승희. 낭:송 ○○○. ○○○.

가장 낮은 곳에
젖은 낙엽보다 더 낮은 곳에
그래도라는 섬:이 있다
그래도 살아가는 사:람들
그래도 사랑의 불을 꺼뜨리지 않는 사:람들

〉
세:상에서 가장 아름다운 섬:, 그래도

어떤 일:이 있더라도

목숨을 끊지 말:고 살아야 한다고

천사 같은 김종삼, 박재삼,

그런 착한 마음을 버려선 못:쓴다고

부도가 나서 길거리로 쫓겨나고

인기 여배우가 골:방에서 목을 매:고

뇌출혈로 쓰러져

말: 한마디 못: 해:도 가족을 만나면 반가운 마음,

중: 환자실 환: 자 옆에서도

힘을 내어 웃으며 살아가는 가족들의 마음속

그런 사:람들이 모여 사:는 섬:, 그래도

그런 사:람들이 모여 사:는 섬:, 그래도

그 가장 아름다운 것 속:에

더 아름다운 피 묻은 이름,

그 가장 서:러운 것 속:에 더 타오르는 찬:란한 꿈

누구나 다: 그런 섬:에 살:면서도

세:상의 어느 지도에도 알려지지 않은 섬:,

그래서 더 신비한 섬:,

그래서 더 가꾸고 싶은 섬: ,그래도
그대 <u>가슴속</u>의 따스한 미소와 <u>장밋빛</u> 체온
이글이글 사랑에 눈이 부신 영광의 함:성

그래도라는 섬:에서
그래도 <u>부둥켜안고</u>
그래도 손만 놓지 않는다면
언:젠가 강을 다: 건:너 빛의 뗏목에 올라서리라,
어디엔가 <u>걱정</u> 근심 다: 내려놓은 평화로운
그래도, 거기에서 만날 수 있으리라

107 박두진의 「갈보리의 노래 2」

갈보리의 노래 2 / 박두진

　마지막 내려 덮는 바위 같은 어둠을 어떻게 당신은 버틸 수가 있었는가? 뜨물 같은 치욕을, 불붙는 분노를, 에어내는 비애를, 물새 같은 고독을, 어떻게 당신은 견딜 수가 있었는가? 꽝 꽝 쳐 못을 박고, 창끝으로 겨누고, 채찍질해 때리고, 입맞추어 배반하고, 매어달아 죽이려는, 어떻게 그 원수들을 사랑할 수 있었는가? 어떻게 당신은 강할 수가 있었는가? 파도같이 밀려오는 승리에의 욕망을 어떻게 당신은 버릴 수가 있었는가? 어떻게 당신은 패할 수가 있었는가? 어떻게 당신은 약할 수가 있었는가? 어떻게 당신은 이길 수가 있었는가? 방울방울 땅에 젖는 스스로의 血滴으로, 어떻게 만민들이 살아날 줄 알았는가? 어떻게 스스로가 神인 줄 믿었는가? 크다랗게 벌리어진 당신의 두 팔에 누구가 달려들어 안길 줄을 알았는가? 엘리……엘리……엘리……엘리……스스로의 목숨을 스스로가 매어달아, 어떻게 당신은 죽을 수가 있었는가? 神이여! 어떻게 당신은 인간일 수 있었는가? 인간이여! 어떻게 당신은 神일 수가 있었는가? 아!…… 방울방울 떨구어지는 핏방울은 잦는데, 바람도 죽고 없고 마리아는 우는데, 마리아는 우는데, 人子여! 人子여! 마즈막 쏟아지는 폭포 같은 빛줄기를 어떻게 당신은 주체할 수 있었는가?

〈거미와 星座 · 1962〉

- 朴斗鎭 詩選集 『예레미아의 노래』(創作과批評사, 1981년 11월 10일 초판 발행. 1994년 8월 25일 5판 발행) 76~77쪽.

[원본 또는 정본 확인 과정]

박두진 시선집 『예레미아의 노래』에서 원본을 확보하였다.

[참고본 또는 이본]

갈보리의 노래 2 / 박두진

마지막 내려덮는 바위 같은 어둠을 어떻게 당신은 버틸 수가 있었는가? 뜨물 같은 치욕을, 불붙는 분노를, 에어내는 비애를, 물새 같은 고독을, 어떻게 당신은 견딜 수가 있었는가? 꽝꽝 쳐 못을 박고, 창끝으로 겨누고, 채찍질해 때리고, 입맞추어 배반하고, 매어달아 죽이려는, 어떻게 그 원수들을 사랑할 수 있었는가? 어떻게 당신은 강할 수가 있었는가?

파도같이 밀려오는 승리에의 욕망을 어떻게 당신은 버릴 수가 있었는가? 어떻게 당신은 패할 수가 있었는가? 어떻게 당신은 약할 수가 있었는가?

어떻게 당신은 이길 수가 있었는가? 방울방울 땅에 젖는 스스로의 혈적血滴으로, 어떻게 만민들이 살아날 줄 알았는가? 어떻게 스스로가 신인 줄을 믿었는가? 커다랗게 벌리어진 당신의 두 팔에 누구가 달려들어 안긴 줄을 알았는가? 엘리…엘리…엘리…엘리… 스스로의 목숨을 스스로가 매어달아, 어떻게 당신은 죽을 수가 있었는가? 신이여! 어떻게 당신은 인간일 수 있었는가? 인간이여! 어떻게 당신은 신일 수가 있었는가? 아! 방울방울 떨구어지는 핏방울은 잦는데, 바람도 죽고 없고 마리아는 우는데, 마리아는 우는데,

인자人子여! 인자여! 마지막 쏟아지는 폭포 같은 빛줄기를 어떻게 당신은 주체할 수 있었는가?

– 박두진 시집 『어서 너는 오너라』 (시인생각, 2013년 7월) 38쪽.

[시인 소개]

박두진朴斗鎭 시인.

1916~1998년. 호는 혜산, 경기도 안성(安城) 출생.

1940년 문예지《문장》에 시〈묘지송〉〈낙엽송〉〈향현(香峴)〉등이 추천되어 문단에 나왔다.

추천자 정지용(鄭芝鎔)은 그의 시에 대해〈그의 새로운 자연의 발견

은 삼림에서 풍기는 식물성의 체취〉라고 하였다.

 일제강점기 말에는 침묵으로 절조를 지켰으며, 46년 박목월(朴木月)·조지훈(趙芝薰)과의 3인시집《청록집》을 펴내 〈청록파〉라는 말을 들었으나 향토정서보다는 그리스도교적 윤리의식으로 기울었다.

 초기에는 역사와 인류의 부조리에 소극적 저항을 보였고, 중기에는 그 저항을 심화시켰으며, 그 뒤 그리스도교 신앙체험의 고백을 드러내었다. 연세대학교교수를 지냈다.

[시의 이해]
이 시는 연작시로 쓴 시이다. 〈1〉, 〈2〉, 〈3〉 연작시 중 2번의 시이다.

갈보리의 노래 1 / 박두진

해도 차마 밝은 채론 비칠 수가 없어
낮을 가려 밤처럼 캄캄했을 뿐.

방울방울 가슴의
하늘에서 내려 맺는 푸른 피를 떨구며,

아으, 엘리 엘리 라마 사박다늬……
엘리 엘리 라마 사박다늬……

그 사랑일래 지지러져 죽어간 이의
바람 자듯 잦아드는 숨결소리 뿐.

언덕이여. 언덕이여. 텅 비인 언덕이여.
아무 일도 네겐 다시 없었더니라.

마리아와 살로메와 야고보와 마리아와
멀리서 연인들이 흐느껴 울 뿐.

몇 오리의 풀잎이나 불리었을지,
휘휘로히 바람결에 불리웠을지,

언덕이여. 죽음이여. 언덕이여. 고요여.
아무 일도 네겐 다시 없었더니라.

- 출처 : 朴斗鎭詩選集『예레미아의 노래』(創作과批評社, 1981년 11월 10일 초판 발행. 1994년 8월 25일 5판 발행) 74~75쪽.

갈보리의 노래 2 / 박두진

　마지막 내려 덮는 바위 같은 어둠을 어떻게 당신은 버틸 수가 있었는가? 뜨물 같은 치욕을, 불붙는 분노를, 에어내는 비애를, 물새 같은 고독을, 어떻게 당신은 견딜 수가 있었는가? 꽝 꽝 쳐 못을 박고, 창끝으로 겨누고, 채찍질해 때리고, 입맞추어 배반하고, 매어달아 죽이려는, 어떻게 그 원수들을 사랑할 수 있었는가? 어떻게 당신은 강할 수가 있었는가? 파도같이 밀려오는 승리에의 욕망을 어떻게 당신은 버릴 수가 있었는가? 어떻게 당신은 패할 수가 있었는가? 어떻게 당신은 약할 수가 있었는가? 어떻게 당신은 이길 수가 있었는가? 방울방울 땅에 젖는 스스로의 血滴으로, 어떻게 만민들이 살아날 줄 알았는가? 어떻게 스스로가 神인 줄을 믿었는가? 크다랗게 벌리어진 당신의 두 팔에 누구가 달려들어 안길 줄을 알았는가? 엘리……엘리……엘리……엘리……스스로의 목숨을 스스로가 매어달아, 어떻게 당신은 죽을 수가 있었는가? 神이여! 어떻게 당신은 인간일 수 있었는가? 인간이여! 어떻게 당신은 神일 수가 있었는가? 아!…… 방울방울 떨구어지는 핏방울은 잦는데, 바람도 죽고 없고 마리아는 우는데, 마리아는 우는데, 人子여! 人子여! 마즈막 쏟아지는 폭포 같은 빛줄기를 어떻게 당신은 주체할 수 있었는가?

- 출처 : 朴斗鎭 詩 選集 『예레미아의 노래』(創作과批評사, 1981년 11월 10일 초판 발행. 1994년 8월 25일 5판 발행) 76~77쪽.

갈보리의 노래 3 / 박두진

　- 무엇이 여기서는 일어나야 하는가?. 갈보리의 하늘은 여전하고나. 하늘도 해도 있고 여전하고나. 비틀거리며 비틀거리며 지고 오른 나무들엔 피와 땀의 기름, 번들거려 하늘 아래 고웁기도 하고나. 내가 쓰는 면류관 가시관 위에, 아으, 무지개처럼 이제야 둘러 피는 圓光을 보라! 진달래를 이기듯, 네 군데의 못자국은 네 군데의 꽃이김. 솟쳐나는 고운 피여! 먼, 먼, 은하에도 한 줄기의 피의 강은 서는데, 떨궈지는 방울마다 타는 목마름, 타는 목마름. 아으, 海絨에 적신 초는 너무 달고나. 저 바람소리, 海溢소리, 죽음소리, 어둠소리…… 한낮의 갈보리는 캄캄해져 오는데, 땅들은 갈라지고 무덤들은 트는데, 엘리……엘리……엘리……엘리… 아으, 사랑하게 하라. 사랑하게 하라. 이제야 다시 한번 사랑하게 하라. 진달래꽃 짓이기듯 이겨진 가슴 피와 살로 저희들을 싸 안게 하라. 쏟아지는 먹비 대신 찬란한 빛발, 하늘 함빡 빛발들이 쏟아져 오면, 가슴마다 새로 發해 빛이 솟으면, 사랑이여! 꽃 빛발 꽃 빛발에 쓰러지게 하라.

- 朴斗鎭詩選集『예레미아의 노래』(創作과批評사, 1981년 11월 10일 초판 발행. 1994년 8월 25일 5판 발행) 78쪽.

[발음 연구]

'낭송의 실제'를 참고하기 바란다.

[장단음 연구]

⟨장음⟩

분:노를, 비:애를, 배:반하고, 원:수들을, 패:할 수가, 만:민들이, 커:다랗게, 벌:리어진, 두:, 안:긴, 우:는데, 없:고.

[된소리, 거센소리, 예사소리]

⟨된소리=경음화⟩

버틸 수가-버틸 수(쑤)가, 물새-물쌔, 견딜 수가-견딜 수(쑤)가, 박고-박꼬, 채찍질해-채찍찔해, 사랑할 수-사랑할 수(쑤), 강할 수가-강할 수(쑤)가, 버릴 수가-버릴 수(쑤)가, 패할 수가-패:할 수(쑤)가, 약할 수가-야칼 수(쑤)가, 이길 수가-이길 수(쑤)가, 혈적으로-혈쩌그로, 사라날 줄-사라날 줄(쭐), 목숨을-목쑤믈, 죽을 수가-주글 수(쑤)가, 핏방울은-핃빵우른, 죽고 없고-죽꼬 업:꼬, 빗줄기를-빋쭐기를, 주체할 수-주체할 수(쑤).

⟨거센소리=격음화⟩

어떻게-어떠케, 파도같이-파도가치, 약할 수가-야칼 수(쑤)가, 커다랗게-커:다라케.

[조사 '의'의 발음]

이 시에는 아래와 같이 조사 '의'가 있다.

'방울방울 땅에 젖는 스스로의 혈적血適으로,'

'커다랗게 벌리어진 당신의 두 팔에 누구가 달려들어'

'스스로의 목숨을 스스로가 매어 달아'
모두 '의'로 발음하기를 권한다.

[띄어읽기와 끊어읽기]
'낭송의 실제'를 참고하기 바란다.

[중요 낱말 및 시어 시구 풀이]
갈보리2(←Calvary) : 「명사」『기독교』 예수가 십자가에 못 박혀 죽은, 예루살렘 교외의 언덕.=골고다. -단음으로 발음.
갈-보리1 : 「명사」『농업』 '가을보리'의 준말. -장음으로 발음.

[낭송의 실제]

갈보리의 노래 2 / 박두진
- 갈보리의 노래 2 / 시 박두진. 낭 : 송 ○○○.

마지막 내려 덮는 바위 같은 어둠을 어떻게 당신은 버틸 수가 있었는가? 뜨물 같은 치욕을, 불붙는 분노를, 에어내는 비애를, 물새 같은 고독을, 어떻게 당신은 견딜 수가 있었는가? 꽝 꽝 쳐 못을 박고, 창끝으로 겨누고, 채찍질해 때리고, 입맞추어 배반하고, 매어달아 죽이려는, 어떻게 그 원수들을 사랑할 수 있었는가? 어떻게 당신은 강할 수가 있었는가? 파도같이 밀려오는 승리에의 욕망을 어떻게 당신은 버릴 수가 있었는가? 어떻게 당신은 패할 수가 있었는가? 어떻게 당신은 약할 수가 있었는가? 어떻게 당신은 이길 수가 있었는가? 방울방울 땅에 젖는 스스로의 血滴으로, 어떻게 만민들이 살아날 줄 알았는가? 어떻게 스스로가 神인 줄을 믿었는가? 크다랗게 벌리어진 당신의 두 팔에 누구가 달려들어 안길 줄을 알았는가? 엘리……엘리……엘리……엘리…… 스스로의 목숨을 스스로가 매어달아, 어떻게 당신은 죽을 수가 있었는가? 神이여! 어떻게 당신은 인간일 수 있었는가? 인간이여! 어떻게 당신은 神일 수가 있었는가? 아!……방울방울 떨구어지는 핏방울은 잦는데, 바람도 죽고 없고 마리아는 우는데, 마리아는 우는데, 人子여! 人子여! 마즈막 쏟아지는 폭포 같은 빛줄기를 어떻게 당신은 주체할 수 있었는가?

- 마지막 내려 덤는 바위 가튼 어두믈 어떠케 당시는 버틸 수(쑤)가 이쓴는가? 뜨물 가튼 치요글, 불분는 분:노를, 에어내는 비:애를, 물쌔 가튼 고도글, 어떠케 당시는 견딜 수(쑤)가 이쓴는가? 꽝 꽝 처 모슬 박꼬, 창끄트로 겨누고, 채찍찔해 때리고, 임맏추어 배:반하고, 매어다라 주기려는, 어떠케 그 원:수드를 사랑할 수(쑤) 이쓴는가? 어떠케 당시는 강할 수(쑤)가 이쓴는가? 파도가치 밀려오는 승리에의 용망을 어떠케 당시는 버릴 수(쑤)가 이쓴는가? 어떠케 당시는 패:할 수(쑤)가 이쓴는가? 어떠케 당시는 야칼 수(쑤)가 이쓴는가? 어떠케 당시는 이길 수(쑤)가 이쓴는가? 방울방울 땅에 전는 스스로의(에) 혈쩌그로, 어떠케 만:민드리 사라날 줄(쭐) 아란는가? 어떠케 스스로가 시닌 주를 미던는가? 크:다라케 벌:리어진 당시늬(네) 두

: 파레 누구가 달려드러 안길 주를 아란는가? 엘리……엘리……엘리……엘리……스스로의(에) 목쑤을 스스로가 매어다라, 어떠케 당시는 주글 수(쑤)가 이썬는가? 시니여! 어떠케 당시는 인가닐 수(쑤) 이썬는가? 인가니여! 어떠케 당시는 시닐 수(쑤)가 이썬는가? 아! 방울방울 떨구어지는 피(핃)빵우른 잔는데, 바람도 죽꼬 업:꼬 마리아는 우:는데, 마리아는 우:는데, 인자여! 인자여! 마즈막 쏘다지는 폭포 가튼 빋쭐기를 어떠케 당시는 주체할 수(쑤) 이썬는가?

[산문 시행을 율행으로 바꾸어 낭송하기]

갈보리의 노래 2 / 박두진
- 보리의 노래 2 / 시 박두진. 낭:송 ○○○.

마지막 내려 덮는 바위 같은 어둠을
- 마지막 내려 덥는 바위 가튼 어두을

어떻게 당신은 버틸 수가 있었는가?
- 어떠케 당시는 버틸 수(쑤)가 이썬는가?

뜨물 같은 치욕을, 불붙는 분노를, 에어내는 비애를, 물새 같은 고독을, 어떻게 당신은 견딜 수가 있었는가?
- 뜨물 가튼 치요글, 불분는 분:노를, 에어내는 비:애를, 물쌔 가튼 고도글, 어떠케 당시는 견딜 수(쑤)가 이썬는가?

꽝 꽝 쳐 못을 박고, 창끝으로 겨누고, 채찍질해 때리고, 입맞추어 배반하고, 매어달아 죽이려는, 어떻게 그 원수들을 사랑할 수 있었는가?

- 꽝 꽝 쳐 모슬 박꼬, 창끄트로 겨누고, 채찍찔해 때리고, 임맏추어 배ː반하고, 매어다라 주기려는, 어떠케 그 원ː수드를 사랑할 수(쑤) 이썬는가?

어떻게 당신은 강할 수가 있었는가?

- 어떠케 당시는 강할 수(쑤)가 이썬는가?

파도같이 밀려오는 승리에의 욕망을

- 파도가치 밀려오는 승리에의 용망을

어떻게 당신은 버릴 수가 있었는가?

- 어떠케 당시는 버릴 수(쑤)가 이썬는가?

어떻게 당신은 패할 수가 있었는가?

- 어떠케 당시는 패ː할 수(쑤)가 이썬는가?

어떻게 당신은 약할 수가 있었는가?

- 어떠케 당시는 야칼 수(쑤)가 이썬는가?

어떻게 당신은 이길 수가 있었는가?

- 어떠케 당시는 이길 수(쑤)가 이썬는가?

방울방울 땅에 젖는 스스로의 혈적血適으로,

- 방울방울 땅에 전는 스스로의(에) 혈쩌그로,

어떻게 만민들이 살아날 줄 알았는가?

- 어떠케 만ː민드리 사라날 줄(쭐) 아란는가?

어떻게 스스로가 신인 줄을 믿었는가?

— 어떠케 스스로가 시닌 주를 미던는가?

크다랗게 벌리어진 당신의 두 팔에 누구가 달려들어 안길 줄을 알았는가?

— 크:다라케 벌:리어진 당시늬(네) 두:파레 누구가 달려드러 안길 주를 아란는가?

엘리……엘리……엘리……엘리……

— 엘리……엘리……엘리……엘리……

스스로의 목숨을 스스로가 매어달아, 어떻게 당신은 죽을 수가 있었는가?

— 스스로의(에) 목쑤믈 스스로가 매어다라, 어떠케 당시는 주글 수(쑤)가 이썬는가?

신이여! 어떻게 당신은 인간일 수 있었는가?

— 시니여! 어떠케 당시는 인가닐 수(쑤) 이썬는가?

인간이여! 어떻게 당신은 신일 수가 있었는가?

— 인가니여! 어떠케 당시는 시닐 수(쑤)가 이썬는가?

아! 방울방울 떨구어지는 핏방울은 잦는데, 바람도 죽고 없고 마리아는 우는데, 마리아는 우는데,

— 아! 방울방울 떨구어지는 피(핃)빵우른 잔는데, 바람도 죽꼬 업:꼬 마리아는 우:는데, 마리아는 우:는데,

인자人子여! 인자여!

— 인자여! 인자여!

마즈막 쏟아지는 폭포 같은 빛줄기를 어떻게 당신은 주체할 수 있었

는가?

  - 마즈막 쏘다지는 폭포 가튼 빋쭐기를 어떠케 당시는 주체할 수(쑤) 이썬는가?

[원문에 표준발음 직접 표기하기] - ： =장음, <u>가</u>(밑줄) =된소리, *가(기울임)* =거센소리.

갈보리의 노래 2 / 시 박두진. 낭:송 ○○○.

  마지막 내려 덮는 바위 같은 어둠을 어떻게 당신은 버틸 수가 있었는가? 뜨물 같은 치욕을, 불붙는 분:노를, 에어내는 비:애를, 물새 같은 고독을, 어떻게 당신은 견딜 수가 있었는가? 꽝 꽝 처 못을 박고, 창끝으로 겨누고, <u>채찍질해</u> 때리고, 입맞추어 배:반하고, 매어달아 죽이려는, 어떻게 그 원:수들을 사랑할 수 있었는가? 어떻게 당신은 강할 수가 있었는가? *파도같이* 밀려오는 승리에의 욕망을 어떻게 당신은 버릴 수가 있었는가? 어떻게 당신은 패:할 수가 있었는가? 어떻게 당신은 약할 수가 있었는가? 어떻게 당신은 이길 수가 있었는가? 방울방울 땅에 젖는 스스로의 <u>혈적血滴</u>으로, 어떻게 만:민들이 살아날 줄 알았는가? 어떻게 스스로가 神인 줄 믿었는가? *크:다랗게* 벌:리어진 당신의 두:팔에 누구가 달려들어 안길 줄을 알았는가? 엘리⋯⋯엘리⋯⋯엘리⋯⋯엘리⋯⋯

스스로의 목숨을 스스로가 매어달아, 어떻게 당신은 죽을 수가 있었는가? 神이여! 어떻게 당신은 인간일 수 있었는가? 인간이여! 어떻게 당신은 神일 수가 있었는가? 아!⋯⋯ 방울방울 떨구어지는 핏방울은 잦는데, 바람도 죽고 없:고 마리아는 우:는데, 마리아는 우:는데, 人子여! 人子여! 마즈막 쏟아지는 폭포 같은 빛줄기를 어떻게 당신은 주체할 수 있었는가? ㅍ

108 도종환의 「흔들리며 피는 꽃」

흔들리며 피는 꽃 / 도종환

흔들리지 않고 피는 꽃이 어디 있으랴
이 세상 그 어떤 아름다운 꽃들도
다 흔들리면서 피었나니
흔들리면서 줄기를 곧게 세웠나니
흔들리지 않고 가는 사랑이 어디 있으랴

젖지 않고 피는 꽃이 어디 있으랴
이 세상 그 어떤 빛나는 꽃들도
다 젖으며 젖으며 피었나니
바람과 비에 젖으며 꽃잎 따뜻하게 피웠나니
젖지 않고 가는 삶이 어디 있으랴

- 출처 : 도종환 시집 『흔들리지 않고 피는 꽃이 어디 있으랴』. 알에치코리아.
  2014년 6월 23일. 95쪽.

- 문학동네. 『흔들리며 피는 꽃』(사람의 마을에 꽃이 진다). 2012년 8월 14일. 40쪽.

[원본 또는 정본 확인 과정]

이 시는 여러 시집에 수록이 되어 있다. 다행히 수정된 부분이 없이 실려 있어 원본의 확보는 어렵지 않았다.

[참고본 또는 이본]

참고본 이본은 생략한다.

[시인 소개]

도종환

전 국회의원, 시인

출생 : 충북 청주시

소속 : 더불어민주당

학력 : 충남대학교 대학원 졸업(문학박사)

데뷔 : 1984년 동인지 '고두미 마을에서' 등단

경력 : 2023.06.~ 제21대 국회 예산결산특별위원회 위원

수상 : 2023. 머니투데이 더300 대한민국 최우수 법률상

[시의 이해]

이 시는 2연으로 된 아주 단순한 시다.

'꽃=사랑, 삶'으로 인간사와 자연물을 비유시킨 이중구조를 구사한 시로써 아무런 시련이나 고난이 없이 성과를 이루어 내는 '사랑'이나 '삶'은 없으며, 그래서 실패나 시련을 경험하더라도 좌절할 필요가 없다고 꽃의 성장 과정을 통하여 사람의 삶을 위로하는 시이다. 이 시의 주요 단어는 '꽃'과 '바람'과 '비' 그리고 '사랑'과 '삶'이다. 꽃은 바람과 비에 의해서 흔들리고 젖는 존재(사물)이다. 생각하기에 따라서는 이들이 꽃의 생장을 방해하는 것처럼 보이지만 바람과 비가 있기에 꽃은 더 질기게 생명력을 유지하게 된다. 이것이 일반인들이 알고 있는 단순한 지식에서 새로운 본질, 즉 바람과 비는 꽃의 생장을 돕는 이로운 존재라는 것을 알도록 일깨워 주는 것이다. 그래서 바람과 비는 꽃을 흔들리게 하거나 젖게 하지만 꽃을 더욱더 단단하게 만들어 주는 원인 제공을 해주는 것이다. 그래서 시는 비유를 통하여 '낯설게 하되 그것이 일반인들이 새롭게 사물을 인식하게 만드는 계기를 만들어 주는 역할'을 우리는 시에서 배우는 '낯설기 기법'이라고 한다.

시를 쓸 때는 사물을 인간사와 비유하여 쓸 때 가장 많은 공감을 받는다.

위의 시를 잘 분석하여 보면,

흔들리지 않고 피는 꽃이 어디 있으랴
이 세상 그 어떤 아름다운 꽃들도
다 흔들리면서 피었나니
흔들리면서 줄기를 곧게 세웠나니

(흔들리지 않고 가는 사랑이 어디 있으랴)

　　젖지 않고 피는 꽃이 어디 있으랴
　　이 세상 그 어떤 빛나는 꽃들도
　　다 젖으며 젖으며 피었나니
　　바람과 비에 젖으며 꽃잎 따뜻하게 피웠나니
　　(젖지 않고 가는 삶이 어디 있으랴) - 에서처럼

　　각 연의 5행을 지우고 감상하면 오직 꽃에 관해서만 이야기한 것으로 된다. 그러나 우리는 꽃의 생장 과정을 통하여 인간사를 느낄 수 있다. 사람의 삶이 시련이나 고난을 겪지 않고 어떻게 평탄하게만 갈 수 있겠는가를 생각하면 꽃과 인간사는 자연스럽게 비유가 되면서 우리는 위안을 얻을 수 있다.
　　이처럼 시는 '꽃=본의', '사랑, 삶=부의'를 숨기거나 드러내어 표현하는데 이 시는 비유되는 '부의'를 드러내놓고 있다. 즉 '사랑과 삶'이라고 의도를 숨기지 않고 밝힌 것이다. 이 경우 독자의 상상 폭은 줄어들지만, 사람의 일차적 감성을 자극하는 데는 효과가 더 크다.

　　그리하여 이 시는 어떤 모임이나 행사하는 곳이라도 낭송으로써 어울리는 시다.
　　시가 짧고 단순하기 때문에 독송으로 어울리며 진술적인 어법(내레이션 형식)으로 낭송하면 좋겠다. 특별한 기교나 고저완급을 구사하지 않아도 정감이 가는 시이다.

다만 다른 시와 반대로 각 연의 1, 2, 3, 4행에서 포인트를 주거나 강조하고 마지막 5행은 꽃을 '사랑'이나 '삶'에 비유한 것이기 때문에 천천히 저음과 약음으로 처리해서 결론을 내려주어야 한다.

〈아래 내용은 '흔들리며 피는 꽃'에 대한 신문에 보도된 내용이다. 〉

본회의장에 울려 퍼진 도종환의 '흔들리며 피는 꽃'
'5분 발언' 통해 자신의 시 낭독
"이 시가 어떤 정치적 문제가 있습니까"

박수에 인색한 국회 본회의장 안에서 자연스럽게 박수가 터져 나왔다. 여야가 따로 없었다. 민주통합당 비례대표 의원이 된 도종환 시인이 9일 열린 본회의 말미에 '5분 발언'을 통해 자작시 〈흔들리며 피는 꽃〉 낭독을 마친 순간이었다.

도 의원이 자신의 시를 자랑하러 발언대에 나간 것은 아니었다. 교육부 산하 한국교육과정평가원이 여러 종류의 국어 검정교과서에 실린 도 의원의 시를 삭제하라는 권고에 대해, 자신의 시에 "어떤 정치적인 문제가 있으며, 학생들이 읽으면 안 되는 어떤 이유가 있는지"를 알리기 위해 낭송을 한 것이다.

도 의원은 "국회의원이 됐다는, 정치인이라는 이유만으로 교과서에서 작품을 빼도록 강요하는 것이야말로 정치에 대한 잘못된 편견이다. 김춘수 시인도 국회의원을 지냈다. 그분의 시, '내가 그의 이름을 불러주기 전에는 그는 다만 몸짓에 지나지 않았다'는, 온 국민이 알고 있는 시 〈꽃〉, 이 시도 교과서에서 빼야 하느냐"고 따져 물었다.

도 의원은 이어 "이 자리 모두는 지역과 부문의 국민을 대표하는 사람들이다. 그분들을 대변하고자 임기 동안 국회의원의 직무와 양심에 따라 성실하게 임무하겠다는 서약을 했다. 의정활동을 어린 학생들이 부정적 시각으로 바라보게 해선 안된다. 19대 국회 시작하면서 특권을 내려놓자고 하는 마당에 오히려 정치인을 편견으로 바라보고 정치를 부정적으로 바라보게 하는 일에 교육 당국이 앞장서면 안 된다"고 덧붙였다.

'5분 발언'은 국회의원들이 여러 정치 현안에 대해 자유롭게 말할 수 있는 기회인데. 주로 정치적 공방이 오갈 때가 많았다. 같은 생각을 가진 의원들은 "잘했어!"라고 격려하고, 다를 경우엔 고성과 삿대질로 야유를 퍼붓기 마련이었다.

이날 단상에 올라 소신에 찬 5분 발언을 이어간 도 의원은 더 이상 '조용한 시인', '얌전한 선생님'이 아니었다.
〈김보협 송채경화 기자〉

아래는 도종환 의원의 발언 전문

　존경하는 박병석 부의장님, 선배, 동료 의원 여러분, 민주통합당 비례대표 도종환입니다.
　저는 오늘 착잡한 심정으로 이 자리에 나왔다. 저는 국회의원이면서 시인이다. 제가 쓴 시는 10년 전부터 국정 국어교과서에 실려 있고 학생들 배우고 공부해왔다.

　근데 교과부 산하 한국교육과정평과원에서 지난 26일 2012년 교과서 검정 심사에 합격한 8개 출판사의 교과서 수록된 11편의 제 시와 글에 대해서 수정·교체 요구의 글을 보냈다. 이유는 시인이 정치인이며 국회의원 당선자라는 것이다.

　공문에 의하면 수정보완 이행 결과가 미진하면 합격이 취소될 수 있다고 돼 있다. 지금까지 교과서 수정보완은 띄어쓰기, 맞춤법, 어휘 잘못 등이 발견됐을 때 권고해 왔지 이런 경우는 없었다. 막대한 재정을 투자한 출판사로서는 사실상 제 시를 빼라는 권고를 따르지 않을 수 없다고 한다. 이번에 교육과정평가원에서 빼 줄 것을 요구한 시는 다음과 같다.

　수많은 국민이 이미 알고 있는 시다. 이 시에 교육적으로 문제가 있나? 정치적인 문제가 있나? 학생들이 읽어서는 안 되나? 지난 10년 동안 교육적으로 아무 문제가 없었다. 국회의원 임기가 시작된 지 한 달 됐다.

아직 활동도 안 했다. 국회의원이 됐다는 이유로, 정치인이라는 이유만으로 교과서에서 작품을 빼도록 강요하는 것이야말로 정치에 대한 잘못된 편견이다. 김춘수 시인도 국회의원이었다. 그분의 시. 내가 그의 이름을 불러주기 전에는 그는 다만 몸짓에 지나지 않았다는 온 국민이 알고 있는 시 〈꽃〉. 이 시도 교과서 빼야합니까.

존경하는 선배 동료 여러분, 이 자리 모두는 지역과 부문의 국민을 대표하는 사람들이다. 그분들을 대변하고자 임기 동안 국회의원의 직무와 양심에 따라 성실 임무를 이행할 것에 서약했다. 의정활동을 어린 학생들이 부정적인 시각으로 바라보게 해서는 안 된다. 19대 국회를 시작하며 특권 내려놓자고 하는 마당에 오히려 정치인을 편견으로 바라보고 정치를 부정적으로 바라보게 하는 일에 교육 당국이 앞장서면 안 된다.

이번에 한 교과서는 제 시를 이렇게 기술했다. 그 시는 우리가 무엇을 위해 살아야 하는 존재인가를 끊임없이 묻게 하고 어떤 삶을 추구해야 하는지 생각하게 한다. 혼자가 아니라 함께 하는 행복을 위해 살아야 하고 자기 밖의 세상으로 나가야 한다고 말하고 있다. 이런 평가가 정치적, 파당적 의견을 전파하는지 여러분의 현명한 판단 부탁드린다.

경청해 주셔서 감사합니다. (박수)

〈한겨레 인기기사〉

누가 이 아름다운 '시'를 흔드나 〈접시꽃 당신〉의 시인 도종환 민주통합당 의원이 9일 오후 국회 본회의에서 한국교육과정평가원이 교과서에 실린 자신의 시를 빼도록 출판사에 권고한 것과 관련해 5분 발언을 통해 '흔들리며 피는 꽃'을 낭송하는 동안 시 내용이 회의장 전광판에 비치고 있다. 평가원은 교과서의 정치적 중립성 확보를 이유로 도 의원의 작품을 뺄 것을 권고해, 한국작가회의 등 문인단체와 전교조 등 교육단체의 거센 비판을 받고 있다. - 뉴시스

[발음 연구]

1연. 않고=안코. 꽃이=꼬시(×), 꼬치(○). 꽃들도= 들도(×), 꼳뜰도(○).

피었나니=피언나니. 곧게=곧게. 세웠나니=세원나니.

2연. 젖지=젇찌. 꽃잎=꼳닙. 따뜻하게=따듣타게(×), 따뜨타게(○).

'ㄲ, ㄸ, ㅃ, ㅆ, ㅉ'으로 발음되는 '된소리'는 분명하게 '된소리'로 발음되도록 해야 한다.

낭송에서 '된소리'를 '예사소리' 'ㄱ, ㄷ, ㅂ, ㅅ, ㅈ'으로 발음하면 전달력이 떨어진다.

[낭송의 실제]

흔들리며 피는 꽃 / 도종환

- 흔들리며 피는 꼳 / 시 도종환. 낭:송 ○○○.

흔들리지 않고 피는 꽃이 어디 있으랴
- 흔들리지 안코 피는 꼬치 어디 이쓰랴
이 세상 그 어떤 아름다운 꽃들도
- 이 세:상 그 어떤 아름다운 꼳뜰도
다 흔들리면서 피었나니
- 다: 흔들리면서 피언나니
흔들리면서 줄기를 곧게 세웠나니
- 흔들리면서 줄기를 곧께 세원나니
흔들리지 않고 가는 사랑이 어디 있으랴
- 흔들리지 안코 가는 사랑이 어디 이쓰랴

젖지 않고 피는 꽃이 어디 있으랴
- 젇찌 안코 피는 꼬치 어디 이쓰랴
이 세상 그 어떤 빛나는 꽃들도
- 이 세:상 그 어떤 빈나는 꼳뜰도
다 젖으며 젖으며 피었나니
- 다: 저즈며 저즈며 피언나니

바람과 비에 젖으며 꽃잎 따뜻하게 피웠나니
- 바람과 비에 저즈며 꼰닙 따뜨타게 피원나니
젖지 않고 가는 삶이 어디 있으랴
- 젇찌 안코 가는 살:미 어디 이쓰랴

[원문에 표준발음 직접 표기하기] - : =장음, <u>가</u>(밑줄) =된소리, *가(기울임)* =거센소리.

흔들리며 피는 꽃 / 시 도종환. 낭:송 ○○○.

흔들리지 않고 피는 꽃이 어디 있으랴
이 세:상 그 어떤 아름다운 꽃들도
다: 흔들리면서 피었나니
흔들리면서 줄기를 곧게 세웠나니
흔들리지 않고 가는 사랑이 어디 있으랴

젖지 않고 피는 꽃이 어디 있으랴
이 세:상 그 어떤 빛나는 꽃들도
다: 젖으며 젖으며 피었나니
바람과 비에 젖으며 꽃잎 *따뜻하게* 피웠나니
젖지 않고 가는 삶:이 어디 있으랴

109 정호승의 「새들은 지붕을 짓지 않는다」

새들은 지붕을 짓지 않는다 / 정호승

새들은 지붕을 짓지 않는다
잠이 든 채로 그대로 눈을 맞기 위하여
잠이 들었다가도 별들을 바라보기 위하여
외롭게 떨어지는 별똥별들을 위하여
그 별똥별을 들여다보고 싶어하는 어린 나뭇가지들을 위하여
새들은 지붕을 짓지 않는다
가끔은 외로운 낮달도 쉬어가게 하고
가끔은 민들레 홀씨도 쉬어가게 하고
가끔은 인간을 위해 우시는 하느님의 눈물도 받아둔다
누구든지 아침에 일찍 일어나 새들의 집을 한번 들여다보라
간밤에 떨어진 별똥별들이 고단하게 코를 골며 자고 있다
간밤에 흘리신 하느님의 눈물이
새들의 깃털에 고요히 이슬처럼 맺혀 있다

- 출처 : 정호승 시집.『외로우니까 사람이다』열림원. 개정판 2011년 1월 25일. 68쪽.

[원본 또는 정본 확보 과정]

정호승 시집.『외로우니까 사람이다』에서 원본을 확보하였다.

[인터넷에 잘못 올려진 원본]

새들은 지붕을 짓지 않는다 / 정호승

새들은 지붕을 짓지 않는다
잠이든 채로 그대로 눈을 맞기 위하여
잠이 들었다가도 별들을 바라보기 위하여
외롭게 떨어지는 별똥별을 바라보기 위하여
그 별똥별을 들여다보고 싶어하는
어린 나뭇가지들을 위하여
새들은 지붕을 짓지 않는다.
가끔은 외로운 낮 달도 쉬어가게 하고
가끔은 민들레 홀씨도 쉬어가게 하고
가끔은 인간을 위해 우시는 하느님의

눈물도 받아 둔다
누구든지 아침에 일찍 일어나 새들의 집을
한번 들여다보면
간밤에 떨어진 별똥별들이
고단하게 코를 골며 하느님 눈물이
새들의 깃털에 고요히 이슬처럼 맺혀있다

[발음 연구]

맺혀 : 매처(매쳐×) 붙임1. 매텨 붙임2. (맺혀 -매쳐 -매처)

제12항 받침 "ㅎ"의 발음은 다음과 같다.

1. "ㅎ(ㄶ, ㅀ)" 뒤에 "ㄱ, ㄷ, ㅈ"이 결합되는 경우에는, 뒤 음절 첫소리와 합쳐서 [ㅋ, ㅌ, ㅊ]으로 발음한다.

   놓고[노코]   좋던[조:턴]   쌓지[싸치]   많고[만:코]
   않던[안턴]   닳지[달치]

   [붙임 1] 받침 "ㄱ(ㄺ), ㄷ, ㅂ(ㄼ), ㅈ(ㄵ)"이 뒤 음절 첫소리 "ㅎ"과 결합되는 경우에도, 역시 두 소리를 합쳐서 [ㅋ, ㅌ, ㅍ, ㅊ]으로 발음한다.

   각하[가카]   먹히다[머키다]   밝히다[발키다]   맏형[마텽]
   좁히다[조피다] 넓히다[널피다]   꽂히다[꼬치다]   앉히다[안치다]

   [붙임 2] 규정에 따라 "ㄷ"으로 발음되는 "ㅅ, ㅈ, ㅊ, ㅌ"의 경우에는 이에 준한다.

   옷 한 벌[오탄벌]   낮 한때[나탄때]   꽃 한 송이[꼬탄송이]   숱하다[수타다]

2. "ㅎ(ㄶ, ㅀ)" 뒤에 "ㅅ"이 결합되는 경우에는 "ㅅ"을 [ㅆ]으로 발음한다.

닿소 [다쏘] 많소[만:쏘] 싫소[실쏘]

3. "ㅎ" 뒤에 "ㄴ"이 결합되는 경우에는 [ㄴ]으로 발음한다.

놓는[논는] 쌓네[싼네]

[붙임] "ㄶ, ㅀ"뒤에 "ㄴ"이 결합되는 경우에는, "ㅎ"을 발음하지 않는다.

않네[안네] 않는[안는] 뚫네[뚫네→뚤레] 뚫는[뚤는→뚤른]

* "뚫네[뚫네→뚤레], 뚫는[뚤는→뚤른]"에 대해서는 제20항 참조.

4. "ㅎ(ㄶ, ㅀ)" 뒤에 모음으로 시작된 어미나 접미사가 결합되는 경우에는, "ㅎ"을 발음하지 않는다.

낳은[나은] 놓아[노아] 쌓이다[싸이다] 많아[마:나]

않은[아는] 닳아[다라] 싫어도[시러도]

[낭송의 실제]

새들은 지붕을 짓지 않는다 / 정호승

- 새:드른 지붕을 짇:찌 안는다 / 시 정호승. 낭:송 ○○○.

새들은 지붕을 짓지 않는다

- 새:드른 지붕을 짇:찌 안는다

잠이 든 채로 그대로 눈을 맞기 위하여

- 자미 든 채로 그대로 누:늘 맏끼 위하여

잠이 들었다가도 별들을 바라보기 위하여

　- 자미 드럳따가도 별:드를 바라보기 위하여

외롭게 떨어지는 별똥별들을 위하여

　- 외롭께 떠러지는 별:똥별드를 위하여

그 별똥별을 들여다보고 싶어하는 어린 나뭇가지들을 위하여

　- 그 별:똥벼를 드려다보고 시퍼하는 어린 나무(운)까지드를 위하여

새들은 지붕을 짓지 않는다

　- 새:드른 지붕을 짇:찌 안는다

가끔은 외로운 낮달도 쉬어가게 하고

　- 가끄믄 외로운 낟딸도 쉬어가게 하고

가끔은 민들레 홀씨도 쉬어가게 하고

　- 가끄믄 민들레 홀씨도 쉬어가게 하고

가끔은 인간을 위해 우시는 하느님의 눈물도 받아둔다

　- 가끄믄 인가늘 위해 우:시는 하느니믜(메) 눈물도 바다둔다

누구든지 아침에 일찍 일어나 새들의 집을 한번 들여다보라

　- 누구든지 아치메 일찍 이러나 새:드릐(레) 지블 한번 드려다보라

간밤에 떨어진 별똥별들이 고단하게 코를 골며 자고 있다

　- 간바메 떠러진 별:똥별드리 고단하게 코를 골:며 자고 읻따

간밤에 흘리신 하느님의 눈물이

- 간바메 흘리신 하느니믜(메) 눈무리
새들의 깃털에 고요히 이슬처럼 맺혀 있다
- 새:드리(레) 긷터레 고요히 이슬처럼 *매처 읻따*

[원문에 직접 발음을 표기하기]

새:들은 지붕을 짓:지 않는다 / 시 정호승. 낭:송 ○○○.

새:들은 지붕을 짓:지 않는다
잠이 든 채로 그대로 눈:을 맞기 위하여
잠이 들었다가도 별:들을 바라보기 위하여
외롭게 떨어지는 별:똥별들을 위하여
그 별:똥별을 들여다보고 싶어하는 어린 나뭇가지들을 위하여
새:들은 지붕을 짓:지 않는다
가끔은 외로운 낮달도 쉬어가게 하고
가끔은 민들레 홀씨도 쉬어가게 하고
가끔은 인간을 위해 우:시는 하느님의 눈물도 받아둔다
누구든지 아침에 일찍 일어나 새:들의 집을 한번 들여다보라
간밤에 떨어진 별:똥별들이 고단하게 코를 골:며 자고 있다
간밤에 흘리신 하느님의 눈물이
새:들의 깃털에 고요히 이슬처럼 맺혀 있다

110 신승희의 「바람의 언덕에서」

바람의 언덕에서 / 신승희.

살아가는 것은 다 바람이다
생을 사랑한다는 것은 바람 속을 걷는 일이다
벽을 타고 오르는 담쟁이로, 흔들리는 갈대의 몸짓으로
장대비 같은 폭우 속에서 휘적이는 날개의 젖은 모습으로
가끔은 태풍에 쓰러진 잣나무의 굽은 등으로
때로는 해일이 스쳐 간 잔해 위에 아이의 울음으로
비틀대는 바람 속의 숨 가쁜 걸음걸음들

한때, 모국어도 바람에 쓸려갔다 되돌아오지 않았든가
민초에서, 천하의 진시황도 떠난 것은 바람이다
심산유곡 산새로 지저귀는 것도
바위 틈새 해풍을 먹고 사는 것도
한 잎 출렁이는 이파리같이 인연의 물결 따라 밀려왔다 밀려간다.
우리 모두 냉정한 바람에 실려 가는 구름, 구름들이다

〉
이래 스치고 저래 스치는 구름, 구름들
이래 스치고 저래 스치는 바람, 바람들

저 하얗게 질색하는 절벽 밑 바위를 봐라
멋지고 잘생긴 수석의 볼을 철썩, 때리고도
그것도 모자라 흰 거품을 물고 사방을 흩트리며
성난 용의 몸부림처럼 꿈틀대며 달려드는 파도
이 세상, 바람으로 생기는 일이다
우리 모두 바람 앞에 돌아가는 언덕에 풍차일 뿐이다

- 출처 : 시집 『바람의 언덕에서』 (문학공감. 2019.9.6.). 14~15쪽.
한국문학방송. COM. 10쪽~11쪽.

[원본 또는 정본 확인 과정]

신승희 시집(전자책) 『바람의 언덕에서』. (한국문학방송 刊)에서 원본을 확보하였다.

[참고본 또는 이본]

참고본 이본은 없다.

[시인 소개]

신승희 시인

경남 통영 출생

한국문인 시 등단

올해의 신춘작가상, 문화예술 위대한 한국인 대상,

문화예술 신사임당상 수상.

시집 : 『어머니의 강』 『바람의 언덕에서』

시낭송 이론집

[발음 연구]

휘적이는 - 휘저기는

휘적시는 - 휘적씨는 (휘적시는 -이 표준어)

-제23항 받침 "ㄱ(ㄲ, ㅋ, ㄳ, ㄺ), ㄷ(ㅅ, ㅆ, ㅈ, ㅊ, ㅌ), ㅂ(ㅍ, ㄼ, ㄿ, ㅄ)" 뒤에 연결되는 "ㄱ, ㄷ, ㅂ, ㅅ, ㅈ"은 된소리로 발음한다.

국밥[국빱] 깎다[깍따] 넋받이[넉빠지] 삯돈[삭똔] 닭장[닥짱] 칡범[칙뻠] 뻗대다[뻗때다] 옷고름[옫꼬름] 있던[읻떤] 꽂고[꼳꼬] 꽃다발[꼳따발] 낯설다[낟썰다] 밭갈이[받까리] 솥전[솓쩐] 곱돌[곱똘] 덮개[덥깨] 옆집[엽찝] 넓죽하다[넙쭈카다] 읊조리다[읍쪼리다] 값지다[갑찌다]

[장단음 연구]

'낭송의 실제'를 참고하기 바란다.

[된소리, 거센소리, 예사소리]
'낭송의 실제'를 참고하기 바란다.

[조사 '의'의 발음]
　이 시에는 조사 '의'가 굉장히 많이 나온다.
　소유격 조사 '의'와 처소격 조사 '에'의 발음을 잘 구분해 보면 '의'로 발음하는 것이 정확한 시의 뜻을 전달하는데 얼마나 도움이 되는지 알게 될 것이다.
　'바람의 언덕에서'
　'벽을 타고 오르는 담쟁이로, 흔들리는 갈대의 몸짓으로'
　'장대비 같은 폭우 속에서 휘적이는 날개의 젖은 모습으로'
　'가끔은 태풍에 쓰러진 잣나무의 굽은 등으로'
　'때로는 해일이 스쳐 간 잔해 위에 아이의 울음으로'
　'비틀대는 바람 속의 숨 가쁜 걸음걸음들'
　'민초에서, 천하의 진시황도 떠난 것은 바람이다'
　'한 잎 출렁이는 이파리같이 인연의 물결 따라 밀려왔다 밀려간다.'
　'멋지고 잘생긴 수석의 볼을 철썩, 때리고도'
　'성난 용의 몸부림처럼 꿈틀대며 달려드는 파도'

[띄어읽기와 끊어읽기]
행의 구분이 잘 되어 있어서 '띄어읽기'와 '끊어읽기'에 무리가 없다.

[중요 낱말 및 시어 시구 풀이]

민초民草 : 백성 민, 풀 초. '백성'을 질긴 생명력을 가진 잡초에 비유하여 이르는 말.

[낭송의 실제]

바람의 언덕에서 / 신승희

– 바라믜 언더게서 / 시 신승희. 낭 : 송 ○○○.

살아가는 것은 다 바람이다

– 사라가는 거슨 다 : 바라미다

생을 사랑한다는 것은 바람 속을 걷는 일이다

– 생을 사랑한다는 거슨 바람 소 : 글 건 : 는 이 : 리다

벽을 타고 오르는 담쟁이로, 흔들리는 갈대의 몸짓으로

– 벼글 타고 오르는 담쟁이로, 흔들리는 갈때의(에) 몸찌스로

장대비 같은 폭우 속에서 휘적이는 날개의 젖은 모습으로

– 장때비 가튼 포구 소 : 게서 휘저기는 날개의(에) 저즌 모스브로

가끔은 태풍에 쓰러진 잣나무의 굽은 등으로

– 가끄믄 태풍에 쓰러진 잔 : 나무의(에) 구븐 등으로

때로는 해일이 스쳐 간 잔해 위에 아이의 울음으로

– 때로는 해 : 이리 스처 간 잔해 위에 아이의(에) 우르므로

121

비틀대는 바람 속의 숨 가쁜 걸음걸음들

- 비틀대는 바람 소:긔(게) 숨: 가쁜 거름거름들

한때, 모국어도 바람에 쓸려갔다 되돌아오지 않았든가

- 한때, 모:구거도 바라메 쓸려갇따 되도라오지 아낟뜬가

민초에서, 천하의 진시황도 떠난 것은 바람이다

- 민초에서, 천하의(에) 진시황도 떠난 거슨 바라미다

심산유곡 산새로 지저귀는 것도

- 심:산뉴곡 산쌔로 지저귀는 걷또

바위 틈새 해풍을 먹고 사는 것도

- 바위 틈새 해:풍을 먹꼬 사:는 걷또

한 잎 출렁이는 이파리같이 인연의 물결 따라 밀려왔다 밀려간다.

- 한 입(한닙) 출렁이는 이파리가치 이녀늬(네) 물결 따라 밀려왇따 밀려간다.

우리 모두 냉정한 바람에 실려 가는 구름, 구름들이다

- 우리 모두 냉:정한 바라메 실려 가는 구름, 구름드리다

이래 스치고 저래 스치는 구름, 구름들

- 이래 스치고 저래 스치는 구름, 구름들

이래 스치고 저래 스치는 바람, 바람들

- 이래 스치고 저래 스치는 바람, 바람들

〉

저 하얗게 질색하는 절벽 밑 바위를 봐라
- 저 하:야케 질쌔카는 절벽 믿 바위를 봐:라
멋지고 잘생긴 수석의 볼을 철썩, 때리고도
- 먿찌고 잘생긴 수서긔(수서게) 보를 철썩, 때리고도
그것도 모자라 흰 거품을 물고 사방을 흩트리며
- 그걷또 모:자라 힌 거푸믈 물고 사:방을 흗트리며
성난 용의 몸부림처럼 꿈틀대며 달려드는 파도
- 성:난 용의(에) 몸부림처럼 꿈틀대며 달려드는 파도
이 세상, 바람으로 생기는 일이다
- 이 세:상 바라므로 생기는 이:리다
우리 모두 바람 앞에 돌아가는 언덕에 풍차일 뿐이다
- 우리 모두 바람 아페 도라가는 언더게 풍차일 뿌니다

[원문에 표준발음 직접 표기하기] - : =장음, 가(밑줄) =된소리, *가(기울임)* =거센소리.

바람의 언덕에서 / 시 신승희. 낭:송 ○○○.

  살아가는 것은 다: 바람이다
  생을 사랑한다는 것은 바람 속:을 걷:는 일:이다

벽을 타고 오르는 담쟁이로, 흔들리는 갈대의 몸짓으로
장대비 같은 폭우 속:에서 휘적이는 날개의 젖은 모습으로
가끔은 태풍에 쓰러진 잣:나무의 굽은 등으로
때로는 해:일이 스쳐 간 잔해 위에 아이의 울음으로
비틀대는 바람 속:의 숨: 가쁜 걸음걸음들

한때, 모:국어도 바람에 쏠려갔다 되돌아오지 않았든가
민초에서, 천하의 진시황도 떠난 것은 바람이다
심:산유곡 산새로 지저귀는 것도
바위 틈새 해:풍을 먹고 사:는 것도
한 잎 출렁이는 이파리같이 인연의 물결 따라 밀려왔다 밀려간다.
우리 모두 냉:정한 바람에 실려 가는 구름, 구름들이다

이래 스치고 저래 스치는 구름, 구름들
이래 스치고 저래 스치는 바람, 바람들

저 하:얗게 질색하는 절벽 밑 바위를 봐: 라
멋지고 잘생긴 수석의 볼을 철썩, 때리고도
그것도 모:자라 흰 거품을 물고 사:방을 흩트리며
성:난 용의 몸부림처럼 꿈틀대며 달려드는 파도
이 세:상, 바람으로 생기는 일:이다
우리 모두 바람 앞에 돌아가는 언덕에 풍차일 뿐이다

111 배한봉의 「늙은 구두 수선공의 기술」

늙은 구두 수선공의 기술 / 배한봉

닳은 구두 뒤축을 갈기 위해
구둣방에 갔는데, 늙은 수선공이
뒤축 대신 사과나무를 심어놓았다.
걸음 걸을 때마다
사과꽃 피는 소리가 흘러나왔다.

비음산 옆구리의 골짜기가 고향이라던 늙은 수선공은
4월이 되면 늑골 깊은 곳에서 사과꽃이 핀다고 했다.
그러니까 늑골 깊은 곳은, 이제
돌아갈 수도 없는 옛집 마당.
늙은 수선공은, 이 도시 거리를
천진한 웃음이 사과꽃 향기로 퍼지는 마당으로 만들려는 것이 분명하다.
그렇지 않다면, 뒤축 대신 사과나무를

구두에 심어놓는 불가해한 기술을 보여줄 리 없다.

그런데 내가 거리를 걷는 동안
아무도 사과꽃 피는 소리를 듣지 못했다.
만개한 사과꽃 향기를 느끼지도 못했다.
시내를 뒤덮고 있는 벚꽃과 분명 다른 향기였는데도.
얼른 집에 돌아와 보여주었지만, 아내도
구두에 뒤축 대신 사과나무가 심겨 있다는 것을 믿지 않았다.
우리는 모두, 늙은 수선공의 불가해한 기술보다
더 감쪽같은 이 도시의 변화에 사로잡힌 사람들이다.

그러나 나는 기억한다.
내 구두에 사과나무를 심던
늙은 수선공의 이마에서 촉촉하게 굴러 내리던
나뭇잎 위의 이슬 같던 그 맑은 땀방울을.
그는, 사라졌지만 사라지지 않는
가슴속의 성전을 수선했던 것이다.

기억의 꼬리를 잡고
돌담집과 뒷골목과 대밭을 순식간에 돌아 나오는 늙은 수선공을
천 개의 눈을 켜고 바라보던 사과나무.
지금도 걸음 걸을 때마다 내 구두에서는

왈칵, 왈칵 피는 사과꽃 소리 들린다.

– 배한봉 시집 『육탁』 (여우난골, 2023.11). 19~21쪽.

[원본 또는 정본 확인 과정]
배한봉 시집 『육탁』에서 원본을 확인하였다.

[참고본 또는 이본]
- 인터넷 매체에 올라온 시와 비교해 보면 다행히 원문의 오류는 없으나 연의 구분이 다르다. 시에서의 연과 행은 시의 생명임을 잊지 말자.

늙은 구두 수선공의 기술 / 배한봉

닳은 구두 뒤축을 갈기 위해
구둣방에 갔는데, 늙은 수선공이
뒤축 대신 사과나무를 심어놓았다.
걸음 걸을 때마다
사과꽃 피는 소리가 흘러나왔다.

비음산 옆구리의 산골짜기가 고향이라던 늙은 수선공은
4월이 되면 늦골 깊은 곳에서 사과꽃이 핀다고 했다.

그러니까 늑골 깊은 곳은, 이제
돌아갈 수도 없는 옛집 마당.
늙은 수선공은, 이 도시 거리를
천진한 웃음이 사과꽃 향기로 퍼지는 마당으로 만들려는 것이 분명
하다.
그렇지 않다면, 뒤축 대신 사과나무를
구두에 심어놓는 불가해한 기술을 보여줄 리 없다.
그런데 내가 거리를 걷는 동안
아무도 사과꽃 피는 소리를 듣지 못했다.
만개한 사과꽃 향기를 느끼지도 못했다.
시내를 뒤덮고 있는 벚꽃과 분명 다른 향기였는데도.
얼른 집에 돌아와 보여주었지만, 아내도
구두에 뒤축 대신 사과나무가 심겨 있다는 것을 믿지 않았다.
우리는 모두, 늙은 수선공의 불가해한 기술보다
더 감쪽같은 이 도시의 변화에 사로잡힌 사람들이다.
그러나 나는 기억한다.
내 구두에 사과나무를 심던
늙은 수선공의 이마에서 촉촉하게 굴러 내리던
나뭇잎 위의 이슬 같던 그 맑은 땀방울을.
그는, 사라졌지만 사라지지 않는
가슴속의 성전을 수선했던 것이다.
기억의 꼬리를 잡고

돌담집과 뒷골목과 대밭을 순식간에 돌아 나오는 늙은 수선공을
천 개의 눈을 켜고 바라보던 사과나무.
지금도 걸음 걸을 때마다 내 구두에서는
왈칵 왈칵, 피는 사과꽃 소리 들린다.

[시인소개]

배한봉 시인

출생 : 1962년 경남 함안군

데뷔 : 1998년 동인지 '현대시' 등단

경력 : 월간 '미하연' 격월간 '문화사회' 편집장

수상 : 2017.09 제22회 김달진창원문학상

저서 : 시집 『우포늪 왁새』 『육탁』 『주남지의 새들』 외 다수

[시의 이해]

 '스쳐 가는 인연'이라고 했던가? 그러나 어떤 스쳐 가는 인연은 몇백 년을 맺어온 인연보다 더 깊은 사연과 두 사람의 생에 잊을 수 없는 영향을 미치기도 한다.

 화자와 수선공은 구두를 수리하는 동안 수많은 이야기를 나누었나 보다. 그중에서 수선공이 들려준 사과꽃 이야기가 화자에게는 구두 뒤축을 가는 일보다 더 깊이 오래 새겨졌나 보다. 마치 구두를 수선하러 온 것이 아니고 늙은 수선공과 사과꽃에 관한 이야기를 나누러 온 것처

럼 말이다. 맞다. 화자는 구두를 수선한 것이 아니라 사과꽃을 얻어 가는 것이다. 걸을 때마다 사과꽃 향기가 나는 것처럼 두 사람의 인연으로 화자는 사과꽃으로 오늘도 아니 내일도 아니 평생 행복할 것 같다.

[발음 연구]

[낭송의 실제]를 참고한다. - : =장음, 가(밑줄) =된소리, 가(기울임) = 거센소리.

[조사 '의'의 발음]

이 시에는 아래와 같이 조사 '의'가 나온다. 소유격 '의'가 처소격 '에'가 되지 않도록 시의 원문을 충분히 이해하고 발음하기를 권한다.

특히 한 행에 '의'와 '에'가 연달아 나올 때는 꼭 구분하여 발음해야 한다.

또한 제목에 사용하는 소유격 조사 '의'는 꼭 '의'로 발음하여야 한다. 왜냐하면 제목에는 '종결어미'가 없기에 소유격과 처소격을 분명하게 제시해 주어야 하기 때문이다.

'늙은 구두 수선공의 기술'
'비음산 옆구리의 골짜기가 고향이라던'
'우리는 모두, 늙은 수선공의 불가해한 기술보다'
'더 감쪽같은 이 도시의 변화에 사로잡힌 사람들이다.'
'늙은 수선공의 이마에서 촉촉하게 굴러 내리던'
'나뭇잎 위의 이슬 같던 그 맑은 땀방울을.'

'가슴속의 성전을 수선했던 것이다.'

'기억의 꼬리를 잡고'

'천 개의 눈을 켜고 바라보던 사과나무.'

[띄어읽기와 끊어읽기]

[낭송의 실제]에서 √, √√, √√√√, /, //, /// 등의 표기를 참고한다.

[중요 낱말 및 시어 시구 풀이]

비음산 : 비음산(飛音山)은 대한민국 경상남도 창원시와 김해시 진례면의 경계면에 있는 낙남정맥의 산이며 매년 철쭉 축제가 개최된다. 산 정상은 486m이며 "너른 산"을 뜻하는 말이다. 비음산의 능선을 따라서 포곡식 석축산성인 진례산성이 축성되어 지방기념물 제128호로 지정되어 관리되고 있다.

비음산은 북동쪽으로 정병산, 봉림산, 천주산으로 이어지고, 남서쪽으로 대암산, 용지봉, 불모산으로 이어진다. 비음산은 진달래가 산재하여 있지만 정상부위에 철쭉이 군락을 이루고 있어 경남지역의 철쭉 명산이기도 하며 매년 5월에 비음산철쭉제가 열린다.

비음산으로 올라가는 등산로는 4가지 정도가 있으며, 창원시 토월동에서 출발하여 용추계곡을 따라서 올라가는 방법이 널리 이용되고 있다. 용추계곡에는 창원시에서 만든 11개의 계곡을 가로지르는 다리가 있다.

[낭송의 실제] -2인 1조의 교송.

늙은 구두 수선공의 기술 / 배한봉
- 늘근 구두 수선공의 기술 / 시 배한봉·낭:송 ○○○. ○○○.

A) 닳은 구두 뒤축을 갈기 위해
　　- 다른 구두 뒤:추글 갈기 위해
　구둣방에 갔는데,√ 늙은 수선공이
　　- 구두(둗)빵에 간는데, 늘근 수선공이
　뒤축 대신√ 사과나무를 심어놓았다.
　　- 뒤:축 대:신 사과나무를 시머노앋따.

B) 걸음 걸을 때마다
　　- 거름 거를 때마다
　사과꽃 피는 소리가√ 흘러나왔다.
　　- 사과꼳 피는 소리가 흘러왇따.

A) 비음산 옆구리의 골짜기가 고향이라던√ 늙은 수선공은
　　- 비음산 엽꾸리의(에) 골짜기가 고향이라던 늘근 수선공은

4월이 되면√ 늑골 깊은 곳에서√ 사과꽃이 핀다고 했다.

- 사:워리 되면 늑꼴 기픈 고세서 사과꼬치 핀다고 핻:따.

B) 그러니까√ 늑골 깊은 곳은,√ 이제

- 그러니까 늑꼴 기픈 고슨, 이제

돌아갈 수도 없는√ 옛집 마당.

- 도라갈 수(쑤)도 엄:는 옏:찝 마당.

늙은 수선공은,√ 이 도시 거리를

- 늘근 수선공은, 이 도시 거리를

천진한 웃음이√ 사과꽃 향기로 퍼지는 마당으로√ 만들려는 것이 (√) 분명하다.

- 천진한 우스미 사과꼳 향기로 퍼:지는 마당으로 만들려는 거시 분명하다.

A) 그렇지 않다면,√ 뒤축 대신 사과나무를

- 그러치 안타면, 뒤:축 대:신 사과나무를

구두에 심어놓는√ 불가해한 기술을 보여줄 리 없다.

- 구두에 시머논는 불가해한 기수를 보여줄 리 업:따.

B) 그런데√ 내가 거리를 걷는 동안

- 그런데 내가 거리를 건:는 동안

아무도√ 사과꽃 피는 소리를 듣지 못했다.

- 아:무도 사과꼳 피는 소리를 듣찌 모:탣따.

만개한 사과꽃 향기를√ 느끼지도 못했다.

- 만:개한 사과꼳 향기를 느끼지도 모:탣따.

시내를 뒤덮고 있는 벚꽃과√ 분명 다른 향기였는데도. (- 도치법)

- 시:내를 뒤덥꼬 인는 벋꼳꽈 분명 다른 향기연는데도.

A) 얼른 집에 돌아와 보여주었지만,√ 아내도

- 얼른 지베 도라와 보여주얻찌만, 아내도

구두에√ 뒤축 대신 사과나무가 심겨 있다는 것을√ 믿지 않았다.

- 구두에 뒤:축 대:신 사과나무가 심겨 읻따는 거슬 믿찌 아낟따.

B) 우리는 모두,√ 늙은 수선공의 불가해한 기술보다

- 우리는 모두, 늘근 수선공의 불가해한 기술보다

더 감쪽같은√ 이 도시의 변화에 사로잡힌 사람들이다.

- 더 감쪽까튼 이 도시의(에) 변:화에 *사로자핀* 사:람드리다.

A) 그러나√ 나는 기억한다.

- 그러나 나는 *기어칸다.*

내 구두에 사과나무를 심던

- 내 구두에 사과나무를 심:떤

늙은 수선공의 이마에서√ 촉촉하게 굴러 내리던

- 늘근 수선공의(에) 이마에서 *촉초카게* 굴러 내리던

나뭇잎 위의 이슬 같던√ 그 맑은 땀방울을.

- 나문닙 위의(에) 이슬 갇떤 그 말근 땀빵우를.

B) 그는,√ 사라졌지만 사라지지 않는

- 그는, 사라젙찌만 사라지지 안는

가슴속의 성전을√ 수선했던 것이다.

- 가슴소긔(게) 성ː저늘 수선핻떤 거시다.

A) 기억의 꼬리를 잡고

- 기어긔(게) 꼬리를 잡꼬

돌담집과 뒷골목과 대밭을√ 순식간에 돌아 나오는 늙은 수선공을

- 돌ː담찝꽈 뒤ː(된ː)꼴목꽈 대바틀 순식까네 도라 나오는 늘근 수선공을

천 개의 눈을 켜고 바라보던 사과나무.

- 천 개의(에) 누늘 켜고 바라보던 사과나무.

B) 지금도√ 걸음 걸을 때마다 내 구두에서는

- 지금도 거름 거를 때마다 내 구두에서는

A), B) 왈칵,√ 왈칵 피는√ 사과꽃 소리 들린다.

- 왈칵, 왈칵 피는 사과꼳 소리 들린다.

112 류시화의「슬픔에게 안부를 묻다」

슬픔에게 안부를 묻다 / 류시화

너였구나
나무 뒤에 숨어 있던 것이
인기척에 부스럭거려서 여우처럼 나를 놀라게 하는 것이
슬픔, 너였구나
나는 이 길을 조용히 지나가려 했었다
날이 저물기 전에
서둘러 이 겨울숲을 떠나려고 했었다
그런데 그만 너를 깨우고 말았구나
내가 탄 말도 놀라서 사방을 두리번거린다
숲 사이 작은 강물도 울음을 죽이고
잎들은 낮은 곳으로 모인다
여기 많은 것들이 변했지만 또
하나도 변하지 않은 것이 있다
한때 이곳에 울려퍼지던 메아리의 주인들은

지금 어디에 있는가

나무들 사이를 오가는 흰새의 날개들 같던

그 눈부심은

박수치며 날아오르던 그 세월들은

너였구나

이 길 처음부터 나를 따라오던 것이

서리 묻은 나뭇가지를 흔들어 까마귀처럼 놀라게 하는 것이

너였구나

나는 그냥 지나가려 했었다

서둘러 말을 타고 이 겨울숲과 작별하려 했었다

그런데 그만 너에게 들키고 말았구나

슬픔, 너였구나

- 출처 : 류시화 시집 『그대가 곁에 있어도 나는 그대가 그립다』 푸른숲. 1991. 86~87쪽.

[정본 또는 원본 확인 과정]

류시화 시집 『그대가 곁에 있어도 나는 그대가 그립다』 푸른숲에서 원본을 확인하였다.

[참고본 또는 이본]

〈인터넷 매체에 올라온 시〉
- 이 시는 연의 구분이 없다. 인터넷 검색을 해보면 연이 나누어져 있는 시들이 많다. 시낭송가는 시인과 마찬가지로 연과 행의 중요성을 인식하고 있어야 한다.

슬픔에게 안부를 묻다 / 류시화

너였구나
나무 뒤에 숨어 있던 것이
인기척에 부스럭거려서 여우처럼 나를 놀라게 하는 것이
슬픔, 너였구나
나는 이 길을 조용히 지나가려 했었다

날이 저물기 전에
서둘러 이 겨울숲을 떠나려고 했었다
그런데 그만 너를 깨우고 말았구나
내가 탄 말도 놀라서 사방을 두리번거린다
숲 사이 작은 강물도 울음을 죽이고
잎들은 낮은 곳으로 모인다
여기 많은 것들이 변했지만 또
하나도 변하지 않은 것이 있다

〉

한때 이곳에 울려퍼지던 메아리의 주인들은
지금 어디에 있는가
나무들 사이를 오가는 흰새의 날개들 같던
그 눈부심은
박수치며 날아오르던 그 세월들은
너였구나

이 길 처음부터 나를 따라오던 것이
서리 묻은 나뭇가지를 흔들어 까마귀처럼 놀라게 하는 것이
너였구나

나는 그냥 지나가려 했었다
서둘러 말을 타고 이 겨울숲과 작별하려 했었다
그런데 그만 너에게 들키고 말았구나
슬픔, 너였구나

[시인 소개]

류시화(본명 안재찬) 시인
출생 : 1959년 충북 옥천군
학력 : 경희대학교 국문학과 졸업.

데뷔 : 1980년 《한국일보》 신춘문예 「아침」 당선 등단.
수상 : 2012. 제25회 경희문학상.

[시의 이해]
　겨울숲은 차갑고 맵고 쓸쓸하다. 사계절 중 가장 어려운 때가 겨울이라면, 겨울숲이라면 그 겨울에 슬픔이 가장 많을 것이다. 화자는 조용히 겨울숲을 지나가고 싶지만 마음처럼 슬픔은 비껴가지 못하고 불쑥 겨울숲에 모습을 드러낸다. 무엇이든 애써 피하려고 하면 더욱 다가오는 것. 어차피 한 번 부딪쳐야 할 슬픔이라면 다가오는 봄까지 가지고 가지 말고 겨울숲에서 털고 가는 것이 현명하겠다.

[발음 연구]
[낭송의 실제]를 참고한다.

[조사 '의'의 발음]
　이 시에는 아래와 같이 조사 '의'가 나온다. 소유격 '의'가 처소격 '에'가 되지 않도록 시의 원문을 충분히 이해하고 발음하기를 권한다.
　특히 한 행에 '의'와 '에'가 연달아 나올 때는 꼭 구분하여 발음해야 한다.
　또한 제목에 사용하는 소유격 조사 '의'는 꼭 '의'로 발음하여야 한다. 왜냐하면 제목에는 '종결어미'가 없기에 소유격과 처소격을 분명하게 제시해 주어야 하기 때문이다.

'한때 이곳에 울려퍼지던 메아리의 주인들은'
'나무들 사이를 오가는 흰새의 날개들 같던'

[띄어읽기와 끊어읽기]
[낭송의 실제]에서 √, √√, √√√√, /, //, /// 등의 표기를 참고한다.

[중요 낱말 및 시어 시구 풀이]
여우 : 개과 여우속에 속하는 잡식성 포유동물. 세계적으로 45아종으로 나뉜다. 제주 및 울릉도를 제외한 한반도 전역에 분포했으나 1980년대 이후 남한에서는 자취를 감춰 소백산에서 복원 중이다. 꼬리를 포함한 몸길이가 90~105cm이고 몸무게는 약 7kg이다. 생김새가 개와 유사하며 털이 길고 귀가 뾰족하다. 잡식성으로 설치류를 즐겨 먹고, 주로 농지와 식림지에 서식한다. 1970~80년대 쥐잡기 운동에 의한 약 중독과 모피를 얻기 위한 남획을 원인으로 멸종되었다.

분류 : 척추동물 〉 포유강 〉 식육목 〉 개과 〉 여우속
원산지 : 북아메리카, 아시아, 유럽
먹이 : 꿩, 개구리, 들쥐, 토끼, 오리
크기 : 약 60cm ~ 90cm
무게 : 약 5kg ~ 10kg
식성 : 잡식
임신기간 : 약 51일

멸종위기등급 : 멸종위기 야생생물Ⅰ급, 국가적색목록 위기(EN

[낭송의 실제]

슬픔에게 안부를 묻다 / 류시화
- 슬프메게 안부를 묻:따 / 시 류시화·낭:송 ○○○.

너였구나
- 너열꾸나

나무 뒤에 숨어 있던 것이
- 나무 뒤:에 수머 읻떤 거시

인기척에 부스럭거려서√ 여우처럼 나를 놀라게 하는 것이
- 인끼(기)처게 부스럭꺼려서 여우처럼 나를 놀:라게 하는 거시

슬픔,√ 너였구나
- 슬픔, 너열꾸나

나는√ 이 길을 조용히 지나가려 했었다
- 나는 이 기를 조용히 지나가려 해:썯따

날이 저물기 전에
- 나리 저물기 저네

서둘러√ 이 겨울숲을 떠나려고 했었다
- 서둘러 이 겨울수플 떠나려고 해:썯따

그런데 그만√ 너를 깨우고 말았구나

- 그런데 그만 너를 깨우고 마랃꾸나

내가 탄 말도 놀라서√ 사방을 두리번거린다

- 내가 탄 말도 놀ː라서 사ː방을 두리번거린다

숲 사이 작은 강물도√ 울음을 죽이고

- 숩 사이 자ː근 강물도 우르믈 주기고

잎들은 낮은 곳으로 모인다

- 입뜨른 나즌 고스로 모인다

여기 많은 것들이 변했지만√ 또

- 여기 마ː는 걷뜨리 변ː핻찌만 또

하나도 변하지 않은 것이 있다

- 하나도 변ː하지 아는 거시 읻따

한때√ 이곳에 울려퍼지던√ 메아리의 주인들은

- 한때 이고세 울려퍼지던 메아리의(에) 주인드른

지금 어디에 있는가

- 지금 어디에 인는가

나무들 사이를 오가는√ 흰새의 날개들 같던

- 나무들 사이를 오가는 힌새의(에) 날개들 같떤

그 눈부심은

- 그 눈부시믄

박수치며 날아오르던 그 세월들은

- 박쑤치며 나라오르던 그 세ː월드른

너였구나

- 너열꾸나

이 길 처음부터 나를 따라오던 것이

- 이 길 처음부터 나를 따라오던 거시

서리 묻은 나뭇가지를 흔들어√ 까마귀처럼 놀라게 하는 것이

- 서리 무든 나무(묻)까지를 흔드러 까마귀처럼 놀:라게 하는 거시

너였구나

- 너열꾸나

나는√ 그냥 지나가려 했었다

- 나는 그냥 지나가려 해:썯따

서둘러 말을 타고√ 이 겨울숲과 작별하려 했었다

- 서둘러 마를 타고 이 겨울숩꽈 작뼐하려 해:썯따

그런데 그만√ 너에게 들키고 말았구나

- 그런데 그만 너에게 들키고 마랃꾸나

슬픔,√ 너였구나

- 슬픔, 너열꾸나

113 유안진의 「선녀의 선택」

선녀의 선택 / 유안진
- 전래동화 「선녀와 나무꾼」을 고쳐 쓰다

　착하다고 믿었던 남편이 날개옷을 내놓자 기가 막혔지요, 우리가 정녕 부부였다니? 내 남편이 선녀들의 벗은 몸을 훔쳐본 치한이었다니? 끓어오르는 경멸감과 배신감에, 날개옷을 떨쳐입고 두 아이를 안고 날개쳐 올랐지요, 털끝만치도 미안하긴커녕 억울하고 분할 뿐이었지요

　오오 그리운 내 고향! 가슴도 머리도 쿵쾅거렸지요, 큰애가 아빤 왜 아니 오느냐고 하자, 비로소 정신이 났지요, 애들이 제 아빠를 그리워한다면? 천륜(天倫)을 갈라 놓을 권리가 내게 있는가? 아쉬우면 취하고 소용없어지면 버려도 되는 게 남편인가? 우리 셋만으로도 행복할 수 있을까? 옥황상제님도 잘했다고 하실까? 글썽이는 아이들의 눈을 보자, 탱천했던 분노도 맥이 빠지고……

　아궁이에서 활활 타는 날개옷을 바라보니, 뜻 모를 눈물이 흘러내렸

지만, 분명 나는 웃고 있었지요, 내 하늘은 이 오두막이야, 우리집이야, 마당 쪽에서 아이들 웃음소리가 까르르 밀려왔지요.

- 출처 : 시집《다보탑을 줍다》창비, 2004. 62~63쪽.

[정본 또는 원본 확인 과정]
- 유안진 시집《다보탑을 줍다》창비, (2004)에서 원본을 확인하였다.

[참고본 또는 이본]
〈인터넷 매체에 올라온 시〉
- 이 시는 행의 구분이 없는 산문시의 구조로 되어 있다. 어떤 문학 단체 카페에 '낭송하기 좋은 시'로 소개하면서 아래와 같이 행을 배치하였다. 시행과 율행을 선택할 때 시인은 시의 내용에 따라 선택한다. 시낭송가 마음대로 행을 배치하여서는 아니 될 일이다.

선녀의 선택 / 유안진

착하다고 믿었던 남편이 날개옷을 내놓자 기가 막혔지요,
우리가 정녕 부부였다니?
내 남편이 선녀들의 벗은 몸을 훔쳐본 치한이었다니?
끓어오른 경멸감과 배신감에, 날개옷을 떨쳐입고

두 아이를 안고 날개 쳐 올랐지요,
털 끝만치도 미안하긴커녕 억울하고 분할 뿐이었지요

오오 그리운 내 고향! 가슴도 머리도 쿵쾅거렸지요,
큰 애가 아빠 왜 아니 오느냐고 하자, 비로소 정신이 났지요,
애들이 제 아빠를 그리워한다면? 천륜을 갈라 놓을 권리가
내게 있는가? 아쉬우면 취하고 소용 없어지면 버려도 되는 게 남편인가?
우리 셋만으로도 행복할 수 있을까?
옥황상제님도 잘했다고 하실까?
글썽이는 아이들의 눈을 보자, 탱천했던 분노도 맥이 빠지고……

아궁이에서 활활 타는 날개옷을 바라보니,
뜻 모를 눈물 이 흘러내렸지만, 분명 나는 웃고 있었지요,
내 하늘은 이 오두막이야, 우리집이야, 마당쪽에서
아이들 웃음소리가 까르르 밀려왔지요.

[시인 소개]

유안진 시인

출생 : 1941년 10월 1일 경북 안동시.

학력 : 플로리다 주립대학교 대학원 박사

데뷔 : 1965년 현대문학 「달」 「위로」 「별」 등단
경력 : 1997~2001. 정보통신윤리위원회 위원.
수상 : 2016.05. 제27회 김달진문학상.

[시의 이해]

　　이 시를 읽으면 문득 '버림'에 대하여 생각하게 한다. 선녀와 나무꾼은 어릴 적 엄마의 머리맡에서 듣던 잊을 수 없는 전래동화다. 선녀는 분명 하늘나라로 돌아가면 부귀영화가 기다리고 있을 것이다. 그러나 그것을 포기하고 나무꾼의 아내로서 삶을 이어가려고 결심한다. 부귀영화가 보장된 한쪽을 과감하게 버리고 차선을 선택한 선녀에게는 금쪽같은 아이들의 웃음소리가 기다리고 있다.

[발음 연구]

[낭송의 실제]를 참고한다.
　　'내놓다-내ː노타'
　　'막히다-마키다'
　　'옥황상제-오쾅상제'
　　'천륜-철륜'

[조사 '의'의 발음]

　　이 시에는 아래와 같이 조사 '의'가 나온다. 소유격 '의'가 처소격 '에'가 되지 않도록 시의 원문을 충분히 이해하고 발음하기를 권한다.

특히 한 행에 '의'와 '에'가 연달아 나올 때는 꼭 구분하여 발음해야 한다.

또한 제목에 사용하는 소유격 조사 '의'는 꼭 '의'로 발음하여야 한다. 왜냐하면 제목에는 '종결어미'가 없기에 소유격과 처소격을 분명하게 제시해 주어야 하기 때문이다.

'선녀의 선택'

'내 남편이 선녀들의 벗은 몸을 훔쳐본 치한이었다니?'

'글썽이는 아이들의 눈을 보자'

[띄어읽기와 끊어읽기]

[낭송의 실제]에서 √. √√. √√√. /. //. /// 등의 표기를 참고한다.

[중요 낱말 및 시어 시구 풀이]

선녀 : 선녀1(仙女)「명사」선경(仙境)에 산다는 여자.≒선아, 여선, 옥녀.

옥황상제 : 옥황-상제(玉皇上帝)「명사」흔히 도가(道家)에서, '하느님'을 이르는 말.≒옥제, 옥황, 옥황대제, 천황.

천륜 : 부모와 자식 간에 하늘의 인연으로 정하여져 있는 사회적 관계나 혈연적 관계

[낭송의 실제]

선녀의 선택 / 유안진
- 전래동화 「선녀와 나무꾼」을 고쳐 쓰다
- 선녀의 선ː택
- 절래동화 「선녀와 나무꾸」 늘 고쳐 쓰다 / 시 유안진•낭ː송 ○○○.

　착하다고 믿었던 남편이√ 날개옷을 내놓자 기가 막혔지요,√ 우리가 정녕√ 부부였다니?/ 내 남편이√ 선녀들의 벗은 몸을 훔쳐본 치한이었다니?√ 끓어오르는 경멸감과 배신감에,√ 날개옷을 떨쳐입고√ 두 아이를 안고 날개 쳐 올랐지요,√ 털끝만치도 미안하긴커녕√ 억울하고 분할 뿐이었지요.//

　- *차카다고 미덛떤* 남펴니 날개오슬 *내ː노차* 기가 *마켵찌요*, 우리가 정녕 부부욛따니? 내 남펴니 선녀드릐(레) 버슨 모믈 훔처본 치하니얻따니? 끄러오르는 경멸감과 배ː신가메, 날개오슬 떨처입꼬 두ː아이를 안ː꼬 날개 쳐 올랃찌요, 털끈만치도 미안하긴커녕 어굴하고 분ː할 뿌니얻찌요

　오오√ 그리운 내 고향!√ 가슴도 머리도 쿵쾅거렸지요,√ 큰애가 아빤 왜 아니 오느냐고 하자,√ 비로소 정신이 났지요,√ 애들이 제 아빠를 그리워한다면?/ 천륜(天倫)을 갈라 놓을 권리가 내게 있는가?/ 아쉬우면 취하고,√ 소용없어지면 버려도 되는 게 남편인가?/ 우리 셋만으로

도√ 행복할 수 있을까?/ 옥황상제님도 잘했다고 하실까?/ 글썽이는 아이들의 눈을 보자,√ 탱천했던 분노도 맥이 빠지고……//

  - 오오 그리운 내 고향! 가슴도 머리도 쿵쾅거렫찌요, 크내가 아빠 왜:아니 오느냐고 하자, 비로소 정시니 낟찌요, 애:드리 제 아빠를 그리워한다면? 철류늘 갈라 노을 궐리가 내게 인는가? 아쉬우면 취:하고 소:용업써지면 버려도 되는 게 남펴닌가? 우리 센:만으로도 행:보칼 수(쑤) 이쓸까? 오쾅상제님도 잘핻따고 하실까? 글썽이는 아이드리(레) 누늘 보자, 탱천핻떤 분:노도 매기 빠:지고……

  아궁이에서√ 활활 타는 날개옷을 바라보니,√ 뜻 모를 눈물이 흘러내렸지만,√ 분명 나는 웃고 있었지요,√ 내 하늘은 이 오두막이야,√ 우리집이야,√ 마당 쪽에서√ 아이들 웃음소리가√ 까르르 밀려왔지요.(엔딩포즈)

  - 아궁이에서 활활 타는 날개오슬 바라보니, 뜯 모:를(뜬모를) 눈무리 흘러내렫찌만, 분명 나는 욷:꼬 이썯찌요, 내 하느른 이 오두마기야, 우리지비야, 마당 쪼게서 아이들 우슴쏘리가 까르르 밀려왇찌요.

[시행을 율행으로 바꾸어 보기]

선녀의 선택 / 유안진
- 전래동화 「선녀와 나무꾼」을 고쳐 쓰다
- 선녀의 선:택
- 절래동화 「선녀와 나무꾸」늘 고처 쓰다 / 시 유안진·낭:송 ○○○.

    착하다고 믿었던 남편이
    - *차카다고 미덛떤 남펴니*
    날개옷을 내놓자 기가 막혔지요,
    - *날개오슬 내:노차 기가 마켣찌요,*
    우리가 정녕 부부였다니?
    - *우리가 정녕 부부엳따니?*
    내 남편이 선녀들의 벗은 몸을 훔쳐본 치한이었다니?
    - *내 남펴니 선녀드리(레) 버슨 모슬 훔처본 치하니얻따니?*
    끓어오르는 경멸감과 배신감에,
    - *끄러오르는 경멸감과 배:신가메,*
    날개옷을 떨쳐입고
    - *날개오슬 떨처입꼬*
    두 아이를 안고 날개 쳐 올랐지요,
    - *두: 아이를 안:꼬 날개 처 올랃찌요,*
    털끝만치도 미안하긴커녕

- 털끈만치도 미안하긴커녕

억울하고 분할 뿐이었지요
- 어굴하고 분ː할 뿌니얻찌요

오오 그리운 내 고향!
- 오오 그리운 내 고향!

가슴도 머리도 쿵쾅거렸지요,
- 가슴도 머리도 쿵쾅거렫찌요,

큰애가 아빤 왜 아니 오느냐고 하자,
- 큰애가 아빤 왜ː아니 오느냐고 하자,

비로소 정신이 났지요,
- 비로소 정시니 낟찌요,

애들이 제 아빠를 그리워한다면?
- 애ː드리 제 아빠를 그리워한다면?

천륜(天倫)을 갈라 놓을 권리가 내게 있는가?
- 철류늘 갈라 노을 궐리가 내게 인는가?

아쉬우면 취하고 소용없어지면 버려도 되는 게 남편인가?
- 아쉬우면 취ː하고 소ː용업써지면 버려도 되는 게 남펴닌가?

우리 셋만으로도√ 행복할 수 있을까?
- 우리 센ː만으로도 행ː보칼 수(쑤) 이쓸까?

옥황상제님도 잘했다고 하실까?
- 오쾅상제님도 잘핻따고 하실까?

153

글썽이는 아이들의 눈을 보자,

- 글썽이는 아이드리(레) 누늘 보자,

탱천했던 분노도 맥이 빠지고……

- 탱천핻떤 분ː노도 매기 빠ː지고……

아궁이에서

- 아궁이에서

활활 타는 날개옷을 바라보니,

- 활활 타는 날개오슬 바라보니,

뜻 모를 눈물이 흘러내렸지만,

- 뜯 모ː를(뜬모를) 눈무리 흘러내렫찌만,

분명 나는 웃고 있었지요,

- 분명 나는 욷ː꼬 이썯찌요,

내 하늘은 이 오두막이야, 우리집이야,

- 내 하느른 이 오두마기야, 우리지비야,

마당 쪽에서

- 마당 쪼게서

아이들 웃음소리가 까르르 밀려왔지요.

- 아이들 우슴쏘리가 까르르 밀려왇찌요.

114 고두현의
「오래된 길이 돌아서서 나를 바라볼 때」

오래된 길이 돌아서서 나를 바라볼 때 / 고두현

늘 뒤따라오던 길이 나를 앞질러 가기 시작한다.
지나온 길은 직선 아니면 곡선
주저앉아 목 놓고 눈 감아도
이 길 아니면 저 길, 그랬던 길이
어느 날부터 여러 갈래 여러 각도로
내 앞을 질러간다.

아침엔 꿈틀대는 리본처럼 푸르게
저녁엔 칭칭대는 붕대처럼 하얗게
들판 지나 사막 지나 두 팔 벌리고
골짜기와 암벽 지나 성긴 돌 틈까지

물가에 비친 나뭇가지 따라 흔들리다가
바다 바깥 먼 항로를 마구 내달리다가

어느 날 낯빛을 바꾸면서 이 길이 맞느냐고

남 얘기하듯, 천연덕스레 내 얼굴을 바라보며

갈래갈래 절레절레

오래된 습관처럼 뒤따라오던 길이 갑자기

앞질러 가기 시작하다 잊은 듯

돌아서서 나에게 길을 묻는 낯선 풍경.

- 출처 : 고두현 시집『오래된 길이 돌아서서 나를 바라볼 때』여우난골. 2024년 03월. 16~17쪽.

[정본 또는 원본 확인 과정]
- 시집『오래된 길이 돌아서서 나를 바라볼 때』여우난골에서 원본 확보하였다.

[참고본 또는 이본]
참고본 또는 이본이 없다.
- 이 시는 인터넷 매체에 비교적 안정되게 올라와 있다.

[시인 소개]
고두현 시인.

출생 : 1963년 경남 남해군.

학력 : 경남대학교 국어국문학과.

데뷔 : 1993년《중앙일보》신춘문예「유배시첩-남해 가는 길」등단.

경력 : 2013.04~한국경제신문 논설위원.

수상 : 제10회 시와시학 젊은 시인상.

[시의 이해]

　나이가 들면 뒤를 돌아보게 된다. 지금껏 살아온 내 삶은 후회가 없는지 잘못 선택하여 힘겨웠던 것은 아닌지 자꾸 돌아보게 된다. 화자도 지나온 과거가 미래가 되어 자꾸 화자를 채근한다. 세월은 10대는 10킬로미터로 20대는 20킬로미터로 50대는 50킬로미터로 간다고 했던가. 60대가 되면 걷잡을 수 없이 속도가 빨라진다.

　세월이 나를 앞질러 가는 안타까운 현실은 자꾸 뒤를 돌아보게 된다.

◼ 시인의 말

길
너머 길

새로운
별이

이토록

오래된
길에서

발화하다니!

- 이 시를 쓰고 시인이 한 말이다. 별 하나가 반짝이기 위하여 얼마나 오랜 숙고의 시간이 발화했을까요.

[발음 연구]
[낭송의 실제]를 참고한다.

[조사 '의'의 발음]
이 시에는 조사 '의'가 없다.

[띄어읽기와 끊어읽기]
[낭송의 실제]에서 ✓, ✓✓, ✓✓✓✓, /, //, /// 등의 표기를 참고한다.

[중요 낱말 및 시어 시구 풀이]
낯-빛 : 「명사」 얼굴의 빛깔이나 기색.

[낭송의 실제]

오래된 길이 돌아서서√ 나를 바라볼 때 / 고두현
- 오래된 기리 도라서서 나를 바라볼 때 / 시 고두현·낭:송 ○○○.

    늘 뒤따라오던 길이√ 나를 앞질러 가기 시작한다.
- 늘 뒤:따라오던 기리 나를 압찔러 가기 시:자칸다.

    지나온 길은√ 직선 아니면 곡선
- 지나온 기른 직썬 아니면 곡썬

    주저앉아 목 놓고 눈 감아도
- 주저안자 목 노코(몽노코) 눈 가마도

    이 길 아니면 저 길,√ 그랬던 길이
- 이 길 아니면 저 길, 그랟떤 기리

    어느 날부터√ 여러 갈래 여러 각도로
- 어느 날부터 여러 갈래 여러 각또로

    내 앞을 질러간다.
- 내 아플 질러간다.

〉

    아침엔√ 꿈틀대는 리본처럼 푸르게
- 아치멘 꿈틀대는 리본처럼 푸르게

    저녁엔√ 칭칭대는 붕대처럼 하얗게
- 저녀겐 칭칭대는 붕대처럼 하:야케

들판 지나 사막 지나 두 팔 벌리고

- 들:판 지나 사막 지나 두: 팔 벌:리고

골짜기와 암벽 지나√ 성긴 돌 틈까지

- 골짜기와 암벽 지나 성긴 돌: 틈까지

물가에 비친 나뭇가지 따라√ 흔들리다가

- 물까에 비친 나무(욷)까지 따라 흔들리다가

바다 바깥 먼 항로를√ 마구 내달리다가

- 바다 바깥 먼:항:노를 마구 내:달리다가

어느 날√ 낯빛을 바꾸면서 이 길이 맞느냐고

- 어느 날 낟삐츨 바꾸면서 이 기리 만느냐고

남 얘기하듯,√ 천연덕스레 내 얼굴을 바라보며

- 남 얘:기하든, 처년덕쓰레 내 얼구를 바라보며

갈래갈래 절레절레

- 갈래갈래 절레절레

오래된 습관처럼 뒤따라오던 길이√ 갑자기

- 오래된 습꽌처럼 뒤:따라오던 기리 갑짜기

앞질러 가기 시작하다√ 잊은 듯

- 압찔러 가기 시:*자카다* 이즌 든

돌아서서√ 나에게 길을 묻는 낯선 풍경.

- 도라서서 나에게 기를 문:는 낟썬 풍경.

115 영정화의 「간장」

간장 / 영정화

시간이 숨을 쉬는 동안 물 익는 소리를 들어야 한다
항아리 속에서 듣는 모든 소리는 부질없고 경쾌하다
바닥까지 내려간 어둠은 곰팡이 꽃을 피우고
계절 냄새를 맡은 메주가 소금에 문드러지면
어머니 살도 흐물거려 절인 젓갈인 양 삭아갔다
볕 좋은 날엔 뚜껑을 열고
세월의 구수한 짠 내를 들이키며
짠물의 소리를 듣느라 귀가 빨개진 고추
보면 볼수록 까매지는 눈을 크게 뜬 숯
햇살과 바람 녹인 소금물이 곰삭게 맛 드는 비결은 비밀이지만
세상에 태어나 죽고 사는 것이 비밀이지만
보고 듣고 말하는 것들에 스스로 생채기를 만들었다
골마지가 주름진 틈 사이로 길을 찾을 때면

무위로 깨어나려는 장맛의 소리를 들으려나

일생을 맛 하나로 승부 삼는 간장

몇 방울의 짠맛으로도 단맛이 되는 일상의 요리

살아가는 짠 내도 단내가 될 수 있을

항아리 속에 엎드려 지낸 나날들

잘 삭아 농익는 소리에

짠맛 든 나에게도 단맛 돌날 있겠지

비밀이지만

- 출처 : 『제17회 삶의 향기 동서문학상 수상작품집』 144~155쪽.

[정본 또는 원본 확인 과정]

『제17회 삶의 향기 동서문학상 수상작품집』에서 원본을 확인하고 시인에게 검증을 요청하였다.

[참고본 또는 이본]

참고본 또는 이본 없다.

- 동서문학상을 수상한 이 시는 아직 널리 알려지지 않았다. 좋은 시를 선정하는 것은 시낭송가의 능력이다. 좋은 시인 만큼 적극적으로 추천한다.

[시인 소개]

영정화 시인

출생 : 1958년 부산.

데뷔 : 2004년 한국아동문학연구회 동시 등단.

시집 : 2023년 『햇살 담은 소쿠리』

경력 : 2024년 제17회 동서문학상.

[시의 이해]

　사람의 삶을 '간장'에 비유하여 표현한 수작이다. 농익은 시어들이 시의 전체를 지배한다. 오래도록 시를 써온 시인의 필력이 느껴진다.

　　'살아가는 짠 내도 단내가 될 수 있을

　　항아리 속에 엎드려 지낸 나날들

　　잘 삭아 농익는 소리에

　　짠맛 든 나에게도 단맛 돌날 있겠지

　　비밀이지만'

　이 마지막 구절이 절창이다. 살아가면서 가끔은 슬픔도 기쁨이 될 수 있고, 아픔도 즐거움이 될 수 있는 것이 인생이다. '짠맛 든 나에게도 단맛 돌날 있겠지'라는 기다림이 곧 인생살이 아닐까.

[발음 연구]

[낭송의 실제]를 참고한다.

'농익다 : 농닉따'

[조사 '의'의 발음]

이 시에는 아래와 같이 조사 '의'가 나온다. 소유격 '의'가 처소격 '에'가 되지 않도록 시의 원문을 충분히 이해하고 발음하기를 권한다.

특히 한 행에 '의'와 '에'가 연달아 나올 때는 꼭 구분하여 발음해야 한다.

또한 제목에 사용하는 소유격 조사 '의'는 꼭 '의'로 발음하여야 한다. 왜냐하면 제목에는 '종결어미'가 없기에 소유격과 처소격을 분명하게 제시해 주어야 하기 때문이다.

'세월의 구수한 짠 내를 들이키며'
'짠물의 소리를 듣느라 귀가 빨개진 고추'
'무위로 깨어나려는 장맛의 소리를 들으려나'
'몇 방울의 짠맛으로도 단맛이 되는 일상의 요리'

[띄어읽기와 끊어읽기]

[낭송의 실제]에서 √, √√, √√√, /, //, /// 등의 표기를 참고한다.

[중요 낱말 및 시어 시구 풀이]

젓갈 : 날것인 동물성 재료를 소금과 양념에 절인 반찬. 생선의 살, 알, 창자, 아가미나 조개, 새우, 쇠고기, 돼지고기 등등의 육해산물을 항아리에 넣은 다음 재료들이 완전히 덮일 때까지 소금을 들이부은 후 숙성시킨 것을 각종 양념으로 버무리면 된다. 액체로 된 것은 액젓이라고 한다.

골마지 : 「명사」 간장, 된장, 술, 초, 김치 따위 물기 많은 음식물 겉면에

생기는 곰팡이 같은 물질.≒발만.

[낭송의 실제]

간장 / 영정화

– 간장 / 시 영정화·낭ː송 ○○○.

시간이 숨을 쉬는 동안√ 물 익는 소리를 들어야 한다
– 시가니 수ː을 쉬ː는 동안 물 잉는 소리를 드러야 한다
항아리 속에서 듣는 모든 소리는√ 부질없고 경쾌하다
– 항아리 소ː게서 든는 모ː든 소리는 부지럽꼬 경쾌하다
바닥까지 내려간 어둠은 곰팡이 꽃을 피우고
– 바닥까지 내려간 어두은 곰ː팡이 꼬츨 피우고
계절 냄새를 맡은 메주가√ 소금에 문드러지면
– 게(계)ː절 냄ː새를 마튼 메주가 소그메 문드러지면
어머니 살도 흐물거려√ 절인 젓갈인 양 삭아갔다
– 어머니 살도 흐물거려 저린 젇까린 양 사가갇따
볕 좋은 날엔 뚜껑을 열고
– 변 조ː은 나렌 뚜껑을 열ː고
세월의 구수한 짠 내를 들이키며

- 세:워리(레) 구수한 짠 내를 드리키며

짠물의 소리를 듣느라√ 귀가 빨개진 고추

- 짠무리(레) 소리를 듣느라 귀가 빨:개진 고추

보면 볼수록 까매지는 눈을√ 크게 뜬 숯

- 보면 볼쑤록 까:매지는 누늘 크게 뜬 숟

햇살과 바람 녹인 소금물이√ 곰삭게 맛 드는 비결은 비밀이지만

- 해(핻)쌀과 바람 노긴 소금무리 곰:삭께 맏 드는 비:결нь 비:미리지만

세상에 태어나√ 죽고 사는 것이 비밀이지만

- 세:상에 태어나 죽꼬 사:는 거시 비:미리지만

보고 듣고 말하는 것들에√ 스스로 생채기를 만들었다

- 보고 듣꼬 말:하는 걷뜨레 스스로 생채기를 만드럳따

골마지가√ 주름진 틈 사이로 길을 찾을 때면

- 골마지가 주름진 틈 사이로 기를 차즐 때면

무위로 깨어나려는√ 장맛의 소리를 들으려나

- 무위로 깨어나려는 장:마싀(세) 소리를 드르려나

일생을√ 맛 하나로 승부 삼는 간장

- 일쌩을 맏 하나로 승부 삼:는 간장

몇 방울의 짠맛으로도√ 단맛이 되는 일상의 요리

- 멷 방우리(레)(멷빵우리) 짠마스로도 단마시 되는 일쌍의(에) 요리

살아가는 짠 내도√ 단내가 될 수 있을

- 사라가는 짠 내도 단내가 될 수(쑤) 이쓸

항아리 속에 엎드려 지낸√ 나날들

- 항아리 소:게 업뜨려 지:낸 나날들

잘 삭아 농익는 소리에

- 잘 사가 농닝는 소리에

짠맛 든 나에게도√ 단맛 돌날 있겠지

- 짠맏 든 나에게도 단맏 돌:날 읻껟찌

비밀이지만

- 비:미리지만

116 김도솔의 「사시미칼이 어울리는 여자」

사시미칼이 어울리는 여자 / 김도솔

내가 태어나서 처음으로 본 세상은 도마였다
펄떡펄떡 뛰는 생선을 단숨에 제압하던 엄마의 도마
자갈치시장에서 사시미 뜨는 솜씨가 제일이었던 엄마
뼈와 뼈 사이를 미끄러지듯 사각거리는 칼날의 미세한 감각은
팔뚝의 힘줄을 따라 등에 업힌 나에게 고스란히 전해졌다
어깨너머 온몸으로 익힌 감각은
입이나 귀로 듣는 어떤 감각보다 선명했다
젖내보다 생선비린내와 땀내와 시큼한 막걸리 냄새가 더 익숙했던 나

비린내만은 대물림하지 않겠다고, 배워야 한다고
유학까지 보내며 모질게도 다그치셨지만
객지에서 직장생활을 하면서도 걸핏하면 수산시장으로 달려가
생선 냄새 비릿한 엄마를 기웃거렸다
사시미칼의 보이지 않는 소리에 귀를 기울이며 먹는

회 한 접시, 막걸리 한 사발이면
세상은 온통 소금기 흥건한 엄마의 등이었다

쓰러졌다는 소식을 듣고 달려간 병실
손마디가 틀어져 고무장갑조차 낄 수 없었던 엄마의
씻어도 씻어도 비린내 가시지 않는 손을 잡아본다
투박한 그 손에 쥐어졌던 날렵한 사시미칼의 전율이
감전이라도 된 듯 찌릿하게 나의 감각을 깨운다

내 심장 깊숙한 곳에 잠들어 있던 바코드가 일어난다

-《강남문학》2024년 통권30호. 325~326쪽.

[원본 또는 정보 확인과정]
- 문예지《강남문학》통권30호에서 원본을 확인하였다.

[참고본 또는 이본]
참고본 또는 이본이 없다.

[시인소개]
김도솔(본명 김동희) 시인

출생 : 1962년 경북 문경.
데뷔 : 2022년 나래시조 신인상.
경력 : 문경새재전국시낭송대회운영위원장. 문예지《시와낭송》편집장.
       문경시낭송협회 회장.
수상 : 제15회 조지훈 예술제 조지훈시낭송·퍼포먼스 전국대회 대상.

[시의 이해]

　'사시미칼'하면 언뜻 조폭부터 떠올린다. 칼은 병사에게 맡기면 무기가 되고 엄마에게 맡기면 요리 기구가 된다. 자식들을 키우느라 아이를 업고 '사시미칼'을 잡아야 했던 엄마. 엄마의 등에서 자연스럽게 생선비린내와 친해졌던 화자의 이야기에 공감이 간다.

　화자가 직접 겪은 이야기인지 아니면 누군가의 삶을 대신 이야기하는지는 확인할 수 없다. 하지만 우리 삶의 한 단면이 환하게 선명하게 다가오는 것은 화자의 물 흐르듯 흘러가는 문장의 수려함 때문이 아닐까 생각한다.

[발음 연구]

[낭송의 실제]를 참고한다.

[조사 '의'의 발음]

　이 시에는 아래와 같이 조사 '의'가 나온다. 소유격 '의'가 처소격 '에'가 되지 않도록 시의 원문을 충분히 이해하고 발음하기를 권한다.

특히 한 행에 '의'와 '에'가 연달아 나올 때는 꼭 구분하여 발음해야 한다.

또한 제목에 사용하는 소유격 조사 '의'는 꼭 '의'로 발음하여야 한다. 왜냐하면 제목에는 '종결어미'가 없기에 소유격과 처소격을 분명하게 제시해 주어야 하기 때문이다.

'생선을 단숨에 제압하던 엄마*의* 도마'
'사각거리는 칼날*의* 미세한 감각은'
'팔뚝*의* 힘줄을 따라 등에 업힌 나에게 고스란히 전해졌다'
'사시미칼*의* 보이지 않는 소리에 귀를 기울이며 먹는'
'세상은 온통 소금기 흥건한 엄마*의* 등이었다'
'손마디가 틀어져 고무장갑조차 낄 수 없었던 엄마*의*'
'투박한 그 손에 쥐어졌던 날렵한 사시미칼*의* 전율이'
'감전이라도 된 듯 찌릿하게 나*의* 감각을 깨운다'

[띄어읽기와 끊어읽기]

[낭송의 실제]에서 √, √√, √√√√, /, //, /// 등의 표기를 참고한다.

[중요 낱말 및 시어 시구 풀이]

사시미칼(회칼) : 일본어로 '사시미호초(刺さし身み包ぼう丁ちょう)'라고 불린다. 원래 중국의 남자 요리사를 뜻하는 단어인 庖丁에서 庖ほう丁ちょう刀とう(호-초-토-, 호초+칼 도)이라는 단어로 불리다가 다시 줄여서 庖丁로 불리게 되었는데 1923년에 상용한자가 제정되면서 비상용 한자로 빠진 庖를 대체하여 包丁로 표기기준이 바뀌었다. 물론 庖가 비상용 한자로 빠진 것 뿐이지 딱히 입력이 불가능한 문자 같은 건 아니라서 '동의어' 취급으로 그대로 남아있기는 하다. 실제로 ほうちょう라고 입력하고 한자변환을 하면 둘 다 나온다.

한국에서는 이 칼을 호초 빼고 사시미라고 부르는 경우가 많은데 사시미는 일본어로 생선회를 의미하는 말이다. 일본어가 한국에서 의미가 변해 버린 예라고 할 수 있다. 그래서 그런지 원어의 의미를 살려 '사시미칼'로 부르는 경우가 대부분이다. 인터넷 오픈마켓에서도 판매자들이 회칼이라고 안 하고 '사시미칼' 내지는 '사시미'라는 이름으로 판매하고 있을 정도이다. 조직폭력배가 누군가를 칼로 찌른 상황을 설명할 때 '사시미로 찔렀다', '사시미질 했다' 등으로 표현하는 등 사시미 쪽이 일상용어로 자리잡은 지 오래다.

포정(庖丁) : 「명사」 소나 개, 돼지 따위를 잡는 일을 직업으로 하는 사람.=백정.

[낭송의 실제]

사시미칼이 어울리는 여자 / 김도솔
- 사시미카리 어울리는 여자 / 시 김도솔·낭 : 송 ○○○.

내가 태어나서√ 처음으로 본 세상은 도마였다

- 내가 태어나서 처으므로 본 세ː상은 도마엳따

펄떡펄떡 뛰는 생선을√ 단숨에 제압하던 엄마의 도마

- 펄떡펄떡 뛰는 생서늘 단수메 *제ː아파던* 엄마의(에) 도마

자갈치시장에서√ 사시미 뜨는 솜씨가 제일이었던 엄마

- 자갈치시장에서 사시미 뜨는 솜씨가 제ː이리얻떤 엄마

뼈와 뼈 사이를√ 미끄러지듯 사각거리는 칼날의 미세한 감각은

- 뼈와 뼈 사이를 미끄러지듣 사각꺼리는 칼나릐(레) 미세한 감ː가근

팔뚝의 힘줄을 따라√ 등에 업힌 나에게 고스란히 전해졌다

- 팔뚜긔(게) 힘쭈를 따라 등에 어핀 나에게 고스란히 전해젇따

어깨너머√ 온몸으로 익힌 감각은

- 어깨너머 온ː모므로 *이킨* 감ː가근

입이나 귀로 듣는 어떤 감각보다√ 선명했다

- 이비나 귀로 든는 어떤 감ː각뽀다 선명핻따

젖내보다√ 생선비린내와 땀내와 시큼한 막걸리 냄새가√ 더 익숙했던 나

- 전내보다 생선비린내와 땀내와 시큼한 막껄리 냄ː새가 더 *익쑤캗떤* 나

비린내만은√ 대물림하지 않겠다고,√ 배워야 한다고

- 비린내마는 대ː물림하지 *안켇따고,* 배워야 한다고

유학까지 보내며√ 모질게도 다그치셨지만

- 유학까지 보내며 모:질게도 다그치셜찌만

객지에서 직장생활을 하면서도√ 걸핏하면 수산시장으로 달려가

- 객찌에서 직짱생화를 하면서도 *걸피타면* 수산시장으로 달려가

생선 냄새 비릿한 엄마를 기웃거렸다

- 생선 냄:새 *비리탄* 엄마를 *기욷꺼럳따*

사시미칼의 보이지 않는 소리에√ 귀를 기울이며 먹는

- 사시미카리(레) 보이지 안는 소리에 귀를 기우리며 멍는

회 한 접시,√ 막걸리 한 사발이면

- 회: 한 접씨, 막껄리 한 사바리면

세상은√ 온통 소금기 흥건한 엄마의 등이었다

- 세:상은 온:통 소금끼 흥건한 엄마의(에) 등이얻따

쓰러졌다는 소식을 듣고 달려간 병실

- 쓰러젇따는 소시글 듣꼬 달려간 병:실

손마디가 틀어져√ 고무장갑조차 낄 수 없었던 엄마의

- 손마디가 트러저 고무장갑조차 낄: 수(쑤) 업:썯떤 엄마의(에)

씻어도 씻어도√ 비린내 가시지 않는 손을 잡아본다

- 씨서도 씨서도 비린내 가시지 안는 소늘 자바본다

투박한 그 손에 쥐어졌던√ 날렵한 사시미칼의 전율이

- 투바칸 그 소네 쥐어젇떤 *날:려판* 사시미카리(레) 저:뉴리

감전이라도 된 듯√ 찌릿하게 나의 감각을 깨운다

- 감:저니라도 된 듣 *찌리타게* 나의(에) 감:가글 깨운다

〉

내 심장 깊숙한 곳에 잠들어 있던√ 바코드가√ 일어난다

- 내 심장 깁쑤칸 고세 잠드러 읻떤 바코드가 이러난다

117 천양희의 「누가 말했을까요?」

누가 말했을까요? / 천양희

누가 말했을까요
살아 있는 것처럼 완벽한 것이 없다는 것을
우리가 하나의 생명일 때 기쁘고 기쁨은 곧 마음의 길을 열어
숨은 얘기 속삭인다는 것을

여린 잎 속의 푸른 벌레와 생각난 듯이 날리는 눈발과
훌쩍거리며 내리는 비가
얼마나 기막힌 눈(目)이라는 것을
그토록 작은 것들이 세상을 읽었다는 것을

누가 말했을까요
자연으로 돌아가는 것처럼 자연스런 것이 없다는 것을
우리가 하나의 자연일 때
편하고 편함은 곧 마음의 길을 열어

숨은 얘기 속삭인다는 것을

뒤꼍의 대나무숲 바람소리와 소리없이 피는 꽃잎과

추위에 잠깬 부엉이 소리가

얼마나 기막힌 소리인가를

그토록 작은 것들이 세상을 들었다는 것을

그리고 우리가 보았다는 것을

하늘이 텅 비어 있었다는 것을

- 출처 : 천양희 시집 『오래된 골목』 창작과비평사. 1998년 10월. 80~81쪽.

[정본 또는 원본 확인 과정]
- 천양희 시집 『오래된 골목』 창작과비평사에서 원본을 확인하였다.

[참고본 또는 이본]

〈인터넷 매체에 올라온 시〉
- 이 시는 연의 구분이 잘못되어 올려져 있다.

누가 말했을까요 / 천양희

누가 말했을까요
살아 있는 것처럼 완벽한 것이 없다는 것을
우리가 하나의 생명일 때 기쁘고 기쁨은 곧
마음의 길을 열어 숨은 얘기 속삭인다는 것을
여린 잎 속의 푸른 벌레와 생각난 듯이 날리는 눈발과
홀쩍거리며 내리는 비가
얼마나 기막힌 눈(目) 이라는 것을
그토록 작은 것들이 세상을 읽었다는 것을

누가 말했을까요
자연으로 돌아가는 것처럼 자연스러운 것이 없다는 것을
우리가 하나의 자연일 때 편하고 편함은 곧
마음의 길을 열어 숨은 얘기 속삭인다는 것을
뒤꼍의 대나무 숲 바람 소리와 소리 없이 피는 꽃잎과
추위에 잠 깬 부엉이 소리가
얼마나 기막힌 소리인가를
그토록 작은 것들이 세상을 들었다는 것을

그리고 우리가 보았다는 것을
하늘이 텅 비어 있었다는 것을

[시인 소개]
천양희 시인

출생 : 1942년 1월 21일, 부산.

데뷔 : 1965년 『현대문학』 「정원 한때」 등단.

학력 : 이화여자대학교 국문과 졸업.

수상 : 통영문학상, 청마문학상.

[시의 이해]
  '살아 있는 것처럼 완벽한 것이 없다'는 말을 '누가 말했을까요'라고 화자는 처음 들머리 행에서 묻고 있다. 그리고 '푸른 벌레'나 '날리는 눈발'과 '훌쩍거리며 내리는 비가' 다 세상을 알고 읽고 있는 '기막힌 눈(目)이라는 것을' 화자는 이야기하고 있다.

  복잡하고 각박한 생활에서 자연으로 돌아가 듣는 '뒤꼍의 대나무숲 바람소리와 소리없이 피는 꽃잎과 추위에 잠깬 부엉이 소리가' '얼마나 기막힌 소리인가를' 우리는 보고 있다는 그것을 일깨워주는 시다.

[발음 연구]
[낭송의 실제]를 참고한다.

[조사 '의'의 발음]
  이 시에는 아래와 같이 조사 '의'가 나온다. 소유격 '의'가 처소격 '에'가 되지 않도록 시의 원문을 충분히 이해하고 발음하기를 권한다.

특히 한 행에 '의'와 '에'가 연달아 나올 때는 꼭 구분하여 발음해야 한다.

또한 제목에 사용하는 소유격 조사 '의'는 꼭 '의'로 발음하여야 한다. 왜냐하면 제목에는 '종결어미'가 없기에 소유격과 처소격을 분명하게 제시해 주어야 하기 때문이다.

'우리 하나*의* 생명일 때 기쁘고 기쁨은 곧 마음의 길을 열어 '
'여린 잎 속*의* 푸른 벌레와'
'편하고 편함은 곧 마음*의* 길을 열어'

[띄어읽기와 끊어읽기]

[낭송의 실제]에서 √, √√, √√√√, /, //, /// 등의 표기를 참고한다.

[중요 낱말 및 시어 시구 풀이]

부엉이 : 올빼미과 조류는 지구상에 약 130종이 알려져 있고 우리 나라에서는 10종이 알려져 있다. 그 중에서 올빼미와 부엉이는 각기 4종이고, 소쩍새는 2종이다.

일반적으로 올빼미와 부엉이를 구별하는 것은 귀깃의 존재에 의해서이다. 귀깃이 있는 것은 부엉이고 귀깃이 없는 것은 올빼미로 구별한다. 그러나 소쩍새는 귀깃이 있어도 부엉이라 부르지 않는다.

우리 나라의 대표적인 부엉이로는 수리부엉이를 들 수 있다. 이는 우리 나라의 특산품종으로 한반도 전역에서 번식하는 드문 텃새이다. 평지에서 고산에 이르는 암벽·바위산·하천을 낀 절벽 등지에 살며, 암벽 바위 위나 바위굴에 보금자리를 마련하고 한배에 2·3개의 알을 낳는다.

새끼는 멧토끼·꿩·집쥐·개구리·뱀 등으로 키운다. 야행성 조류로 밤에 활동하며 낮에는 물체를 잘 보지 못한다. 이러한 생태에서 기인한 듯 어리석어 이해타산이 분명하지 못한 셈을 부엉이셈이라 한다.

[낭송의 실제]

누가 말했을까요? / 천양희

- 누가 말ː해쓸까요? / 시 천양희·낭ː송 ○○○.

　누가 말했을까요
- 누가 말ː해쓸까요
　살아 있는 것처럼√ 완벽한 것이 없다는 것을
- 사라 인는 걷처럼 완벼칸 거시 업ː따는 거슬
　우리가 하나의 생명일 때 기쁘고√ 기쁨은 곧 마음의 길을 열어
- 우리가 하나의(에) 생명일 때 기쁘고 기쁘은 곧 마으믜(메) 기를 여러
　숨은 얘기 속삭인다는 것을

- 수믄 얘:기 속싸긴다는 거슬

여린 잎 속의 푸른 벌레와√ 생각난 듯이 날리는 눈발과

　- 여린 입 소:기(게) 푸른 벌레와 생강난 드시 날리는 눈:빨과

훌쩍거리며 내리는 비가

　- 훌쩍꺼리며 내리는 비가

얼마나 기막힌 눈(目)이라는 것을

　- 얼마나 *기마킨* 누니라는 거슬

그토록 작은 것들이√ 세상을 읽었다는 것을

　- 그토록 자:근 걷뜨리 세:상을 일걷따는 거슬

누가 말했을까요

　- 누가 말:해쓸까요

자연으로 돌아가는 것처럼√ 자연스런 것이 없다는 것을

　- 자여느로 도라가는 걷처럼 자연스런 거시 업:따는 거슬

우리가 하나의 자연일 때

　- 우리가 하나의(에) 자여닐 때

편하고 편함은√ 곧 마음의 길을 열어

　- 편하고 편하믄 곧 마으믜(메) 기를 여러

숨은 얘기 속삭인다는 것을

　- 수믄 얘:기 속싸긴다는 거슬

〉

뒤꼍의 대나무숲 바람소리와√ 소리없이 피는 꽃잎과

− 뒤꼐틔(테) 대나무숩 바람쏘리와 소리업씨 피는 꼰닙꽈

추위에 잠깬√ 부엉이 소리가

− 추위에 잠깬 부엉이 소리가

얼마나 기막힌 소리인가를

− 얼마나 *기마킨* 소리인가를

그토록 작은 것들이√ 세상을 들었다는 것을

− 그토록 자:근 걷뜨리 세:상을 드럳따는 거슬

그리고√ 우리가 보았다는 것을

− 그리고 우리가 보앋따는 거슬

하늘이√ 텅 비어 있었다는 것을

− 하느리 텅 비어 이썯따는 거슬

118 신달자의 「저 거리의 암자」

저 거리의 암자 / 신달자

어둠 깊어 가는 수서역 부근에는
트럭 한 대분의 하루 노동을 벗기 위해
포장마차에 몸을 싣는 사람들이 있습니다
주인과 손님이 함께
야간여행을 떠납니다
밤에서 밤까지 주황색 마차는
잡다한 번뇌를 싣고 내리고
구슬픈 노래를 잔마다 채우고
빗된 농담도 잔으로 나누기도 합니다
속풀이 국물이 짜글짜글 냄비에서 끓고 있습니다
거리의 어둠이 짙을수록
진탕으로 울화가 짙은 사내들이
해고된 직장을 마시고 단칸방의 갈증을 마십니다
젓가락으로 집던 산낙지가 꿈틀 상 위에 떨어져

온몸으로 문자를 쓰지만 아무도 읽어 내지 못합니다

답답한 것이 산낙지뿐입니까

어쩌다 생의 절반을 속임수에 팔아 버린 여자도

서울을 통째로 마시다가 속이 뒤집혀 욕을 게워 냅니다

비워진 소주병이 놓인 플라스틱 작은 상이 휘청거립니다

마음도 다리도 휘청거리는 밤거리에서

조금씩 비워지는

잘 익은 감빛 포장마차는 한 채의 묵묵한 암자입니다

새벽이 오면

포장마차 주인은 밤새 지은 암자를 거둬 냅니다

손님이나 주인 모두 하룻밤의 수행이 끝났습니다

잠을 설치며 속을 졸이던 대모산의 조바심도

가라앉기 시작합니다

거리의 암자를 가슴으로 옮기는데

속을 쓸어내리는 하룻밤이 걸렸습니다

금강경 한 페이지가 겨우 넘어갑니다

- 출처 : 신달자 시선집.『저 거리의 암자』.㈜문학사상. 2023년 9월 15일. 1판 1쇄 발행. 198~199쪽.

[원본 또는 정본 확인 과정]

- 신달자 시선집, 『저 거리의 암자』에서 원본을 발췌하였다.

[참고본 또는 이본]

〈인터넷 매체에 올라온 시〉

이 시는 크게 훼손되어 올라와 있다. 행을 바꿈은 기본이고 마침표를 마음대로 찍고 띄어쓰기도 마음대로 오류를 범하고 있다. 시낭송가의 사소한 실수나 부주의로 시는 커다란 상처를 입을 수 있다.

저 거리의 암자 / 신달자

어둠 깊어 가는 수서역 부근에는
트럭 한 대분의 하루 노동을 벗기 위해
포장마차에 몸을 싣는 사람들이 있습니다.

주인과 손님이 함께
야간여행을 떠납니다.

밤에서 밤까지 주황색 마차는
잡다한 번뇌를 싣고 내리고
구슬픈 노래를 잔마다 채우고
빗된 농담도 잔으로 나누기도 합니다

〉
속 풀이 국물이 바글바글
냄비에서 끓고 있습니다
거리의 어둠이 짙을수록
진탕으로 울화가 짙은 사내들이
해고된 직장을 마시고
단칸방의 갈증을 마십니다

젓가락으로 집던 산낙지가
꿈틀 상 위에 떨어져
온몸으로 문자를 쓰지만
아무도 읽어 내지 못합니다.
답답한 것이 산 낙지뿐입니까
어쩌다 생의 절반을
속임수에 팔아 버린 여자도
서울을 통째로 마시다가
속이 뒤집혀 욕을 게워 냅니다

비워진 소주병이 놓인
플라스틱 작은 상이 휘청거립니다
마음도 다리도 휘청거리는
밤거리에서 조금씩 비워지는

잘익은 감빛 포장마차는
한 채의 묵묵한 암자입니다

새벽이 오면
포장마차 주인은 밤새 지은
암자를 거둬 냅니다

손님이나 주인 모두
하룻밤의 수행이 끝났습니다
잠을 설치며 속을 졸이던
대모산의 조바심도 가라앉기 시작합니다.
거리의 암자를 가슴으로 옮기는데
속을 쏠어내리는 하룻밤이 걸렸습니다.

금강경 한페이지가 겨우 넘어갑니다.

[시인소개]

신달자 : 시인, 대학교수
출생 : 1943년 12월 25일 경남 거창
학력 : 숙명여자대학교 대학원 박사
데뷔 : 1964년 시 '환상의 밤'

경력 : 2016~서울국제도서점 홍보대사

수상 : 2016.05 정지용문학상.

저서 : 시선집 『저 거리의 암자』, 묵상집 『미치고 흐느끼고 견디고』,
　　　시집 『전쟁과 평화가 있는 내 부엌』『간절함』 외

[시의 이해]

　　포장마차의 색깔에서 영감을 얻은 듯한 시다. 거리에 수없이 펼쳐져 있는 주황색 '암자'. 암자는 보통 수행승들이 머무는 곳이다. 아마도 포장마차도 하루의 힘겨움을 들어내려는 사람들이 몰려들고 웃고 떠들고 토해내면서 수행한다는 기막힌 상상을 한다. 지었다가 허물고 허물었다 지을 수 있는 마음속에 암자 한 채쯤을 가지고 살았으면 좋겠다.

[발음 연구]

[낭송의 실제]를 참고한다.

[조사 '의'의 발음]

　　이 시에는 아래와 같이 조사 '의'가 나온다. 소유격 '의'가 처소격 '에'가 되지 않도록 시의 원문을 충분히 이해하고 발음하기를 권한다.

　　특히 한 행에 '의'와 '에'가 연달아 나올 때는 꼭 구분하여 발음해야 한다.

　　또한 제목에 사용하는 소유격 조사 '의'는 꼭 '의'로 발음하여야 한다. 왜냐하면 제목에는 '종결어미'가 없기에 소유격과 처소격을 분명하게 제시해 주어야 하기 때문이다.

'저 거리*의* 암자'
'트럭 한 대분*의* 하루 노동을 벗기 위해'
'거리*의* 어둠이 짙을수록'
'해고된 직장을 마시고 단칸방*의* 갈증을 마십니다'
'어쩌다 생*의* 절반을 속임수에 팔아 버린 여자도'
'잘 익은 감빛 포장마차는 한 채*의* 묵묵한 암자입니다'
'손님이나 주인 모두 하룻밤*의* 수행이 끝났습니다'
'잠을 설치며 속을 졸이던 대모산의 조바심도'
'거리*의* 암자를 가슴으로 옮기는데'

[띄어읽기와 끊어읽기]

[낭송의 실제]에서 √, √√, √√√, /, //, /// 등의 표기를 참고한다.

[중요 낱말 및 시어 시구 풀이]

사찰 : 사찰(寺刹, 영어: Buddhist Temple)은 승려들이 머물며 수행과 예불을 하는 장소이다. 순우리말로는 절이라고 하고 사(寺), 사찰, 사원, 가람, 도량, 정사 등의 여러 한자 단어로도 불린다.

한국, 중국, 일본처럼 대승불교가 주된 곳은 사찰 등의 용어를 주로 쓰지만, 소승불교가 주된 동남아시아 등지의 국가들은 사원이라는 용어를 더 많이 써서 보통 불교사원(佛敎寺院)이라고 부른다.

참고로, 큰 사찰에 딸린 작은 절을 암자(庵子)라고 부른다.

어원의 유래

사(寺) : 사(寺)는 원래 중국 관청을 가리키는 말이었다. 그런데, 인도 승려인 마등과 법난이 중국에 있는 홍려사라는 관청에 머물렀다. 그 뒤에 이 승려들이 머물 절을 새로 지었는데, 이름을 불경을 싣고 온 흰말을 기려서 백마사라고 부른데서 유래하였다고 한다.

사원 : 사원(寺院, 寺園)의 유래 역시 중국이다. 당나라 시대에 대자은사라는 절에서 경전을 번역 풀이하는 번경원(經院)을 세웠다고 한다. 이것이 절에 원이라는 이름을 처음 쓴 유래라고 하며, 그 뒤로 절을 사원이라고도 부른다고 한다.

사찰 : 햇살을 가리는 양산이 인도말로는 차트라(chattra)라고 한다. 이를 중국 한자로 음차한 말이 찰다라(刹多羅)라고 하는데, 이를 줄여서 찰(刹)이라고 불렀다고 한다. 탑의 머리 장식 맨 꼭대기 뾰족한 것을 '찰주(刹柱)' 또는 '찰간(刹竿)'이라고 하는데, 이것이 있으면 멀리서도 탑의 위치를 알 수 있으므로, 찰과 탑은 같은 뜻의 용어가 되었다고 한다. 그래서 탑이 있는 절을 가리키는 용어가 사찰이다.

가람 : 인도 산스크리트어로 '상가(sangha)'는 승가(敎團)라는 한자로 번역되었는데, 이는 불교의 교단을 일컫는 말이다. '아라마(arama)'는 '뜰이 있는 즐거운 집'을 말한다고 한다. 이를 합쳐서 '상가라마'라고 불렀는데, 여기서 온 말이 가람이라고 한다.

도량 : 도량(道場)은 석가모니가 깨달음을 얻은 곳인 보리도량(菩提道場)이라는 뜻에서 왔다. 건물, 장소, 불도를 수행하거나 성취한 곳 등의 여러 의미를 지닌다. 사찰이라는 뜻으로 가장 많이 쓰인다.

정사 : 정사(精舍)는 불교 최초의 절이라고 할 수 있는 죽림정사(竹林精舍)에서 유래한 말이다.

암자(庵子) : 큰 사찰에 딸린 작은 절.

대모산(大母山) : 강남구 일원동과 서초구 내곡동에 걸쳐 있는 산으로서, 대고산, 할미산이라고도 한다. 모양이 늙은 할미와 같다하여 할미산이라 하다가, 태종의 헌릉을 모신 후에, 어명으로 대모산으로 고쳤다고 한다.

[낭송의 실제]

저 거리의 암자 / 신달자

- 저 거리의 암자 / 시 신달자(짜)·낭:송 ○○○.

어둠 깊어 가는√ 수서역 부근에는
- 어둠 기퍼 가는 수서역 부:그네는

트럭 한 대분의 하루 노동을√ 벗기 위해
- 트럭 한 대부늬(네) 하루 노동을 벋끼 위해

포장마차에√ 몸을 싣는 사람들이 있습니다
- 포장마차에 모믈 신:는 사:람드리 읻씀니다

주인과 손님이 함께
- 주인과 손니미 함께

야간여행을 떠납니다

- 야ː간녀행을 떠남니다

밤에서 밤까지 주황색 마차는

- 바메서 밤까지 주황색 마ː차는

잡다한 번뇌를 싣고 내리고

- 잡따한 번뇌(눼)를 싣ː꼬 내리고

구슬픈 노래를 잔마다 채우고

- 구슬픈 노래를 잔마다 채우고

빗된 농담도 잔으로 나누기도 합니다

- 빋뙨 농ː담도 자느로 나누기도 함니다

속풀이 국물이√ 짜글짜글 냄비에서 끓고 있습니다

- 속ː푸리 궁무리 짜글짜글 냄비에서 끌코 읻씀니다

거리의 어둠이 짙을수록

- 거리의(에) 어두미 지틀쑤록

진탕으로 울화가 짙은 사내들이

- 진탕으로 울화가 지튼 사내드리

해고된 직장을 마시고√ 단칸방의 갈증을 마십니다

- 해ː고된 직짱을 마시고 단칸빵의(에) 갈쯩을 마심니다

젓가락으로 집던 산낙지가 꿈틀√ 상 위에 떨어져

- 저(젇)까라그로 집떤 산ː낙찌가 꿈틀 상 위에 떠러저

온몸으로 문자를 쓰지만√ 아무도 읽어 내지 못합니다

- 온ː모므로 문짜를 쓰지만 아ː무도 일거 내ː지 모ː탐니다

193

답답한 것이 산낙지뿐입니까

- 답따판 거시 산:낙찌뿐님니까

어쩌다 생의 절반을√ 속임수에 팔아 버린 여자도

- 어쩌다 생의(에) 절바늘 소김쑤에 파라 버린 여자도

서울을 통째로 마시다가√ 속이 뒤집혀 욕을 게워 냅니다

- 서우를 통째로 마시다가 소:기 뒤지펴 요글 게워 냄:니다

비워진 소주병이 놓인√ 플라스틱 작은 상이 휘청거립니다

- 비워진 소주뼝이 노인 플라스틱 자:근 상이 휘청거림니다

마음도 다리도√ 휘청거리는 밤거리에서

- 마음도 다리도 휘청거리는 밤꺼리에서

조금씩 비워지는

- 조금씩 비워지는

잘 익은 감빛 포장마차는√ 한 채의 묵묵한 암자입니다

- 잘 이근 감:삩 포장마차는 한 채의(에) 뭉무칸 암자임니다

새벽이 오면

- 새벼기 오면

포장마차 주인은√ 밤새 지은 암자를 거둬 냅니다

- 포장마차 주이는 밤새(쌔) 지은 암자를 거둬 냄:니다

손님이나 주인 모두√ 하룻밤의 수행이 끝났습니다

- 손니미나 주인 모두 하루(룬)빠믜(메) 수행이 끈낟씀니다

잠을 설치며√ 속을 졸이던 대모산의 조바심도

- 자믈 설치며 소:글 조리던 대:모사늬(네) 조바심도

가라앉기 시작합니다

- 가라안끼 시:자캄니다

거리의 암자를 가슴으로 옮기는데

- 거리의(에) 암자를 가스므로 옴기는데

속을 쓿어내리는√ 하룻밤이 걸렸습니다

- 소:글 쓰러내리는 하루(룬)빠미 걸렫씀니다

금강경 한 페이지가√ 겨우√ 넘어갑니다

- 금강경 한 페이지가 겨우 너머감니다

119 복효근의 「누 떼가 강을 건너는 법」

누 떼가 강을 건너는 법 / 복효근

건기가 닥쳐오자
풀밭을 찾아 수만 마리 누 떼가
강을 건너기 위해 강둑에 모여 섰다

강에는 굶주린 악어 떼가
누들이 물에 뛰어들기를 기다리고 있었다

그때 나는 화면에서 보았다
발굽으로 강둑을 차던 몇 마리 누가
저쪽 강둑이 아닌 악어를 향하여 강물에 몸을 잠그는 것을

악어가 강물을 피로 물들이며
누를 찢어 포식하는 동안
누 떼는 강을 다 건넌다

〉
누군가의 죽음에 빚진 목숨이여, 그래서
누들은 초식의 수도승처럼 누워서 자지 않고
혀로는 거친 풀을 뜯는가

언젠가 다시 강을 건널 때
그중 몇 마리는 저쪽 강둑이 아닌
악어의 아가리 쪽으로 발을 옮길지도 모른다

- 복효근 시선집 『어느 대나무의 고백』 시인동네. 2024년 3월 11일. 90~91쪽.

[원본 또는 정본 확인 과정]
- 복효근 시선집 『어느 대나무의 고백』에서 원본을 발췌하였다.

[참고본 또는 이본]

누우 떼가 강을 건너는 법 / 복효근

   건기가 닥쳐오자
   풀밭을 찾아 수만 마리 누우 떼가
   강을 건너기 위해 강둑에 모여 섰다

〉

강에는 굶주린 악어 떼가
누우들이 물에 뛰어들기를 기다리고 있었다

그때 나는 화면에서 보았다
발굽으로 강둑을 차던 몇 마리 누우가
저쪽 강둑이 아닌 악어를 향하여 강물에 몸을 잠그는 것을

악어가 강물을 피로 물들이며
누우를 찢어 포식하는 동안
누우 떼는 강을 다 건넌다

누군가의 죽음에 빚진 목숨이여, 그래서
누우들은 초식의 수도승처럼 누워서 자지 않고
혀로는 거친 풀을 뜯는가

언젠가 다시 강을 건널 때
그중 몇 마리는 저쪽 강둑이 아닌
악어의 아가리 쪽으로 발을 옮길지도 모른다

- 복효근 시집 『누우 떼가 강을 건너는 법』 달아실 2017년. 014-015 쪽.

이 시는 시집 『누우 떼가 강을 건너는 법』에 수록된 시를 시인이 시선집을 발행하면서 일부 수정하였다. 낭송가는 띄어쓰기 하나에도 정확한 원본을 확인하는 노력을 게을리하여서는 안 된다.

[시인소개]

복효근 시인

출생 : 음력 1962년 5월 11일, 전북 남원시

학력 : 전북대학교 국어교육학과

데뷔 : 1991년 계간지 『시와시학』 등단

경력 : 대강중학교 교사

수상 : 2015. 제2회 신석정문학상

[시의 이해]

우리는 누군가의 희생을 담보로 생을 살아가는지도 모르겠다. 나라를 지키기 위해 목숨을 바치는 군인들. 화마 속에서 생명을 구하려고 애쓰다 희생되는 소방관들. 건설 현장에서 사고로 목숨을 잃는 건설노동자들. 그들의 희생을 우리는 일일이 기억하고 있는가? 누군가는 희생이 되어야 다른 무리들이 살 수 있는 '누' 떼들의 행진. 그 누군가는 자의건 타의건 희생되어야 그 무리의 연속성이 보장된다. 아무도 희생되지 않으려고 한다면 모두 굶어서 죽을 날을 기다려야 하지 않는가?

[발음 연구]

[낭송의 실제]를 참고한다.

[조사 '의'의 발음]

이 시에는 아래와 같이 조사 '의'가 나온다. 소유격 '의'가 처소격 '에'가 되지 않도록 시의 원문을 충분히 이해하고 발음하기를 권한다.

특히 한 행에 '의'와 '에'가 연달아 나올 때는 꼭 구분하여 발음해야 한다.

또한 제목에 사용하는 소유격 조사 '의'는 꼭 '의'로 발음하여야 한다. 왜냐하면 제목에는 '종결어미'가 없기에 소유격과 처소격을 분명하게 제시해 주어야 하기 때문이다.

'누군가의 죽음에 빚진 목숨이여,'
'누우들은 초식의 수도승처럼 누워서 자지 않고'
'악어의 아가리 쪽으로√ 발을 옮길지도 모른다'
(초식의 수도승은 꼭 의로 발음하기 바란다)

[띄어읽기와 끊어읽기]

[낭송의 실제]에서 √, √√, √√√, /, //, /// 등의 표기를 참고한다.

[중요 낱말 및 시어 시구 풀이]

누우(누) : 소목 소과에 속하는 척추동물. 사바나와 물가 근처 평원에 서식한다. 몸길이는 1.5~2m 정도이며, 몸무게는 230~275kg 정도이다.

식성은 초식이다. 천적은 하이에나와 표범, 사자 등이다. 임신기간은 240~270일 정도이다. 낮은 위기의 멸종위기등급을 받았다. 종류는 흰꼬리누영양과 검은꼬리누영양으로 나뉘는데, 흰꼬리누영양은 흰색 꼬리와 함께 어두운 갈색의 몸과 검은색의 갈기를 가지고 있다. 검은꼬리누영양은 꼬리와 갈기, 얼굴 등이 모두 검은색이고 은회색 몸의 측면에 수직으로 검은 띠무늬가 있다. 두 종 모두 뿔이 나 있고 끝이 위쪽으로 휘어 있다.

[낭송의 실제]

누 떼가 강을 건너는 법 / 복효근

- 누 떼가 강을 건:너는 법 / 시 복효근·낭:송 ○○○.

   건기가 닥쳐오자
- 건기가 닥처오자

   풀밭을 찾아√ 수만 마리 누 떼가
- 풀바틀 차자 수:만 마리 누 떼가

   강을 건너기 위해√ 강둑에 모여 섰다
- 강을 건:너기 위해 강뚜게 모여 섣따

   강에는 굶주린 악어 떼가

- 강에는 굼:주린 아거 떼가

누들이 물에 뛰어들기를 기다리고 있었다

- 누드리 무레 뛰어들기를 기다리고 이썯따

그때√ 나는 화면에서 보았다

- 그때 나는 화:면에서 보앋따

발굽으로 강둑을 차던 몇 마리 누가

- 발꾸브로 강뚜글 차던 멷 마리(면마리) 누가

저쪽 강둑이 아닌√ 악어를 향하여 강물에 몸을 잠그는 것을

- 저쪽 강뚜기 아닌 아거를 향:하여 강무레 모믈 잠그는 거슬

악어가 강물을 피로 물들이며

- 아거가 강무를 피로 물드리며

누를 찢어 포식하는 동안

- 누를 찌저 포:시카는 동안

누 떼는 강을 다 건넌다

- 누 떼는 강을 다: 건:넌다

누군가의 죽음에 빚진 목숨이여,√ 그래서

- 누군가의(에) 주그메 빋찐 목쑤미여, 그래서

누들은√ 초식의 수도승처럼 누워서 자지 않고

- 누드른 초시긔(게) 수도승처럼 누워서 자지 안코

혀로는 거친 풀을 뜯는가
- 혀로는 거친 푸를 뜯는가

언젠가 다시 강을 건널 때
- 언:젠가 다시 강을 건:널 때

그중 몇 마리는√ 저쪽 강둑이 아닌
- 그중 멷 마리는(면마리는) 저쪽 강뚜기 아닌

악어의 아가리 쪽으로√ 발을 옮길지도 모른다
- 아거의(에) 아가리 쪼그로 바를 옴길찌도 모:른다

120 고영민의 「깻대를 베는 시간」

깻대를 베는 시간 / 고영민

깻대는 이슬이 걷히기 전에 베는 법
잘 벼린 낫으로 비스듬히 스윽, 당겨 베는 법이라고 당신은 말했네
무정한 생각이 일기 전
밤이 다 가시기 전, 명백한 낮빛이 다 오기 전
조금 애처롭게
슬픔의 자리를 옮겨놓듯 천천히 베는 법이라고 말했네

아침밥을 먹기 전의 시간
곤한 숨소리가 남아 있어 세상이 아직은 순정해져 있을 때
쓸쓸하게 낫에 베이는 깻대여
하지만 이슬은 사라지고 마는 것
깻대를 베는 것은 어쩜 내 안에 와 있는 당신을 가르는 것과 같아서
가만히 와서 가만히 가는 것을 일부러 가르는 것과 같아서
터지는 슬픔 같은 것이어서

〉
깻대는 마음 축축하게 베는 것이라고 당신은 말했네
이 밭에 첫모를 옮길 때를 생각하며
그늘 속에 잠든 당신을 탁탁탁 두드려 털 때를 생각하며
싸락싸락 깨알이 바닥에 쏟아질 때를 생각하며
덜 아프게 덜 아프게 베는 법이라고 말했네

아침햇살이 큰 수레를 끌고 와 비로소 한 계절 가만히 저물다 간 것들을
옮겨싣고
깻대를 베는 것은
여기 있는 나와 저만큼의 당신 같은 것이어서
베인 깻대를 묶어 밭가에 세워두는 일은
이슬이 걷히기 전,
꼭 그때에 해야 하는 것이라 당신은 간곡히 말하고

- 시집『공손한 손』창비. 초판4쇄. 2011. 54~55쪽.

[원본 또는 정본 확인 과정]
- 고영민 시집『공손한 손』에서 원본을 확인하였다.

[참고본 또는 이본]

참고본 또는 이본이 없다.

- 이 시는 인터넷 매체에 한두 군데 띄어쓰기가 잘못된 것 말고는 비교적 원문의 오류 없이 올라와 있다. 단 한 곳의 잘못된 띄어쓰기라고 해도 시의 내용에는 막대한 영향을 미친다. 확인, 또 확인, 또또 확인이 필요하다.

[시인소개]

고영민 시인

출생 : 1968년 충남 서산시.

데뷔 : 2002년 《문학사상》 신인상에 시 「몰입」 외 9편 당선.

수상 : 2020. 제22회 천상병시문학상.

저서 : 시집 『악어』 『공손한 손』 외.

[시의 이해]

아프지 않게 하는 이별이 있는가? 베어내는 일, 헤어지는 일, 자르는 일, 다 아픔의 상징이다. 꼭 베어내야만 잘라내어야만 한다면? 어떻게 하면 가장 아프지 않게 베어내고 잘라낼 수 있을까?

'무정한 생각이 일기 전

밤이 다 가시기 전, 명백한 낯빛이 다 오기 전

조금 애처롭게

슬픔의 자리를 옮겨놓듯 천천히 베는 법이라고' 화자는 말하고 있다.

우리는 언제나 '덜 아프게 덜 아프게 베는 법'을 배우며 살아야 할 것 같다.

[발음 연구]
[낭송의 실제]를 참고한다.

[조사 '의'의 발음]
이 시에는 아래와 같이 조사 '의'가 나온다. 소유격 '의'가 처소격 '에'가 되지 않도록 시의 원문을 충분히 이해하고 발음하기를 권한다.

특히 한 행에 '의'와 '에'가 연달아 나올 때는 꼭 구분하여 발음해야 한다.

또한 제목에 사용하는 소유격 조사 '의'는 꼭 '의'로 발음하여야 한다. 왜냐하면 제목에는 '종결어미'가 없기에 소유격과 처소격을 분명하게 제시해 주어야 하기 때문이다.

'슬픔*의* 자리를 옮겨놓듯'

'아침밥을 먹기 전*의* 시간'

'여기 있는 나와 저만큼*의* 당신 같은 것이어서'

[띄어읽기와 끊어읽기]
[낭송의 실제]에서 √, √√, √√√√, /, //, /// 등의 표기를 참고한다.

[중요 낱말 및 시어 시구 풀이]
　이 시에 등장하는 시어 중 '깻대'나 '낮빛'은 사전에 등재되지 않아 사전 검색이 불가하다. 특히 시에서 사전에 등재되지 않은 단어나 낱말이 많이 나오는 이유는 시어이기 때문이다. 시인은 조어나 고어 사투리(방언) 등을 부러 쓰는 경우가 많기 때문이다. 때에 따라 조사를 생략하는 때도 있어 시의 흐름을 잘 파악하여 시를 이해하기 위해 노력하여야 한다. 깻대는 '깨의 대', 낮빛은 '낮의 빛'이니 햇빛을 의미한다.

[낭송의 실제]

깻대를 베는 시간 / 고영민

- 깯때를 베ː는 시간 / 시 고영민·낭ː송 ○○○.

　깻대는 이슬이 걷히기 전에 베는 법
　- 깯때는 이스리 거치기 저네 베ː는 법
　잘 벼린 낫으로√ 비스듬히 스윽,√ 당겨 베는 법이라고√ 당신은 말했네
　- 잘 벼린 나스로 비스드미 스윽, 당겨 베ː는 버비라고 당시는 말ː핸네
　무정한 생각이 일기 전
　- 무정한 생가기 일ː기 전

밤이 다 가시기 전,√ 명백한 낮빛이√ 다 오기 전

- 바미 다ː 가시기 전, *명배칸 낟삐치* 다ː 오기 전

조금 애처롭게

조금 애처롭께

슬픔의 자리를 옮겨놓듯√ 천천히 베는 법이라고 말했네

- 슬프믜(메) 자리를 옴겨노튿 천ː천히 베ː는 버비라고 말ː핸네

아침밥을 먹기 전의 시간

- 아침빠블 먹끼 저늬(네) 시간

곤한 숨소리가 남아 있어√ 세상이 아직은 순정해져 있을 때

- 곤ː한 숨ː쏘리가 나마 이써 세ː상이 아지근 순정해저 이쓸 때

쓸쓸하게 낫에 베이는 깻대여

쓸쓸하게 나세 베이는 깯때여

하지만√ 이슬은 사라지고 마는 것

- 하지만 이스른 사라지고 마ː는 걷

깻대를 베는 것은√ 어쩜 내 안에 와 있는 당신을√ 가르는 것과 같아서

- 깯때를 베ː는 거슨 어쩜 내 아네 와 인는 당시늘 가르는 걷꽈 가타서

가만히 와서√ 가만히 가는 것을√ 일부러 가르는 것과 같아서

- 가만히 와서 가만히 가는 거슬 일부러 가르는 걷꽈 가타서

터지는 슬픔 같은 것이어서

- 터:지는 슬픔 가튼 거시어서

깻대는√ 마음 축축하게 베는 것이라고√ 당신은 말했네
- 깯때는 마음 축추카게 베:는 거시라고 당시는 말:핸네
이 밭에√ 첫모를 옮길 때를 생각하며
- 이 바테 천모를 옴길 때를 생가카머
그늘 속에 잠든 당신을√ 탁탁탁 두드려 털 때를 생각하며
- 그늘 소:게 잠든 당시늘 탁탁탁 두드려 털: 때를 *생가카머*
싸락싸락√ 깨알이 바닥에 쏟아질 때를 생각하며
- 싸락싸락 깨아리 바다게 쏘다질 때를 *생가카머*
덜 아프게√ 덜 아프게√ 베는 법이라고 말했네
- 덜: 아프게 덜: 아프게 베:는 버비라고 말:핸네

아침햇살이 큰 수레를 끌고 와√ 비로소√ 한 계절 가만히 저물다 간 것들을 옮겨싣고
- 아침해(핻)싸리 큰 수레를 끌:고 와 비로소 한 게(계):절 가만히 저물다 간 걷뜨를 옴겨싣꼬
깻대를 베는 것은
- 깯때를 베:는 거슨
여기 있는 나와√ 저만큼의 당신 같은 것이어서
- 여기 인는 나와 저만크믜(메) 당신 가튼 거시어서
베인 깻대를 묶어√ 밭가에 세워두는 일은

- 베인 깯때를 무꺼 받까에 세워두는 이ː른

이슬이 걷히기 전,

- 이스리 *거치기* 전,

꼭√ 그때에 해야 하는 것이라√ 당신은 간곡히 말하고

- 꼭 그때에 해ː야 하는 거시라 당시는 *간ː고키* 말ː하고

121 나태주의 「사는 일」. 지도 / 황봉학 시인

사는 일 / 나태주

1
오늘도 하루 잘 살았다
굽은 길은 굽게 가고
곧은 길은 곧게 가고

막판에는 나를 싣고
가기로 되어 있는 차가
제 시간보다 일찍 떠나는 바람에
걷지 않아도 좋은 길을 두어 시간
땀 흘리며 걷기도 했다

그러나 그것도 나쁘지 아니했다
걷지 않아도 좋은 길을 걸었으므로
만나지 못했을 뻔했던 싱그러운

바람도 만나고 수풀 사이
빨갛게 익은 멍석딸기도 만나고
해 저문 개울가 고기비늘 찍으러 온 물총새
물총새, 쪽빛 날갯짓도 보았으므로

이제 날 저물려 한다
길바닥을 떠돌던 바람은 잠잠해지고
새들도 머리를 숲으로 돌렸다
오늘도 하루 나는 이렇게
잘 살았다.

2
세상에 나를 던져보기로 한다
한 시간이나 두 시간

퇴근 버스를 놓친 날 아예
다음 차 기다리는 일을 포기해버리고
길바닥에 나를 놓아버리기로 한다

누가 나를 주워가 줄 것인가?
만약 주워가 준다면 얼마나 내가
나의 길을 줄였을 때

주워가 줄 것인가?
한 시간이나 두 시간
시험 삼아 세상 한복판에
나를 던져보기로 한다

나는 달리는 차들이 비껴가는
길바닥의 작은 돌멩이.

- 출처 : 『나태주 연필화 시집』 ㈜푸른 길. 초판 1쇄 발행 2020년 4월 24일. 초판 7쇄 발행 2024년 12월 9일. 22~25쪽.

[참고본 또는 이본]

1. 사는 일 / 나태주

1
오늘도 하루 잘 살았다
굽은 길은 굽게 가고
곧은 길은 곧게 가고

막판에는 나를 싣고

가기로 되어 있는 차가
제시간보다 일찍 떠나는 바람에
걷지 않아도 좋은 길을 두고 두어 시간
땀 흘리며 걷기도 했다

그러나 그것도 나쁘지 아니했다
걷지 않아도 좋은 길을 걸었으므로
만나지 못했을 뻔했던 싱그러운
바람도 만나고 수풀 사이
빨갛게 익은 멍석딸기도 만나고
해 저문 개울가 고기비늘 찍으러 온 물총새
물총새, 쪽빛 날갯짓도 보았으므로

이제 날 저물려 한다
길바닥을 떠돌던 바람은 잠잠해지고
새들도 머리를 숲으로 돌렸다
오늘도 하루 나는 이렇게
잘 살았다.

2
세상에 나를 던져보기로 한다
한 시간이나 두어 시간

〉
퇴근 버스를 놓친 날 아예
다음 차 기다리는 일을 포기해버리고
길바닥에 나를 놓아버리기로 한다

누가 나를 주워 가줄 것인가?
만약 주워 가준다면 얼마나 내가
나의 길을 줄였을 때
주워 가줄 것인가?

한 시간이나 두 시간
시험 삼아 세상 한복판에
나를 던져보기로 한다

나는 달리는 차들이 비껴가는
길바닥의 작은 돌멩이.

- 출처 : 나태주 대표시 선집, 『이제 너 없이도 너를 좋아할 수 있다』, ㈜푸른 길, 초판 1쇄 발행 2017년 4월 5일. 초판 7쇄 발행 2021년 9월 24일. 155~157쪽.

[시인 소개]

나태주 시인.

출생 : 1945년 충남 서산.

데뷔 : 1971년《서울신문》신춘문예 등단.

경력 : 공주 장기초등학교 교장으로 43년간 역임하고 퇴임.

수상 : 흙의 문학상, 충청남도문화상, 현대불교문학상, 시와시학상,
편운문학상, 한국시인협회상, 고운문학상, 정지용문학상 외 다수.

저서 : 시화집『사랑하는 마음 내게 있어도』『너도 그렇다』
『풀꽃 향기 한 줌』『선물』선시집『멀리서 빈다』외 다수.

[시의 이해]

　나태주 시인님의 내외분은 운전을 못 하신다. 그래서 버스를 주로 이용하신다. 요즘 같은 자가운전 시대에 운전을 못하시면 얼마나 불편 하실까 생각했었는데 이 시를 읽고 생각이 달라졌다. 운전을 하면 출발에서 도착할 때까지 잠시도 눈을 도로에서 떼지를 못한다. 하지만 버스를 타면 책을 읽거나 창밖의 순간적으로 변하는 풍경을 감상하거나 아니면 잠시 누워서 쉴 수도 있다.

　어쩌다 버스를 놓치면 또 어떠하랴. 1시간 또는 2시간 정도 걸으면서 사색에 잠기기도 하고 주변의 꽃들과 나무들과 대화를 하면서 시를 지어보는 것도 좋겠다. 부러 시간을 내어 걷기운동을 하기도 하지 않는가.

　시인께서는 버스를 놓치고 걸어서 목적지를 가는 것을 '나를 던져보기로 한다'고 하신다.

'나는 달리는 차들이 비껴가는
길바닥의 작은 돌멩이.'

길에 자신을 던져 두면 누군가 돌멩이를 주워가듯 주워갈지도 모른다. 어쩌면 삶이란 길바닥에 던져진 '작은 돌멩이'가 아닐까.

[발음 연구]
[낭송의 실제]를 참고한다.

[조사 '의'의 발음]

이 시에는 아래와 같이 조사 '의'가 나온다. 소유격 '의'가 처소격 '에'가 되지 않도록 시의 원문을 충분히 이해하고 발음하기를 권한다.

특히 한 행에 '의'와 '에'가 연달아 나올 때는 꼭 구분하여 발음해야 한다.

또한 제목에 사용하는 소유격 조사 '의'는 꼭 '의'로 발음하여야 한다. 왜냐하면 제목에는 '종결어미'가 없기에 소유격과 처소격을 분명하게 제시해 주어야 하기 때문이다.

'나*의* 길을 줄였을 때'
'길바닥*의* 작은 돌멩이.'

[띄어읽기와 끊어읽기]
낭송가의 호흡과 강조하는 부분이 다를 수 있어 일률적인 표기를 생략한다.

[중요 낱말 및 시어 시구 풀이]

　멍석딸기 : 전국의 산과 들에 흔하게 자라는 떨기나무다. 세계적으로 중국, 대만, 베트남, 일본 등지에 분포한다. 줄기는 옆으로 길게 뻗으며, 가시와 털이 있고, 길이 1-2m다. 잎은 어긋나며, 작은 잎 3장으로 된 겹잎이다. 끝의 작은 잎은 넓은 난형 또는 난상 원형, 가장자리에 결각 모양의 겹톱니가 있다. 잎 뒷면은 짧고 흰 털이 많다. 꽃은 5-7월에 줄기 끝의 산방꽃차례 또는 원추꽃차례에 달리며, 분홍색이다. 꽃받침 조각은 피침형, 겉에 가시 같은 털이 있다. 꽃잎은 도란형이고 꽃받침 조각보다 짧고, 곤추선다. 열매는 핵과가 모인 취과이며, 붉게 익는다.

　떨기나무(관목) : 떨기나무라고도 불리는 작은키나무. 여러 개의 줄기가 있으나 어느 것 하나가 특별히 크지 않고 나무의 키가 3m보다 작은 나무를 가리킨다. 가지가 촘촘히 많이 났을 때는 덤불이라고 부른다. 라일락과 인동덩굴 같은 관목은 환경조건이 맞으면 관목상 또는 소교목만큼 자라기 때문에, 이러한 구분은 다소 유동적이다. 예를 들면 옻나무·버드나무·가문비나무 등의 일부 표본들은 각기 조건에 따라 관목이나 관목상 또는 교목으로 분류되기도 한다.

[낭송의 실제]

1. 사는 일 / 나태주

　- 사:는 일: / 시 나태주·낭:송 ○○○. −장음::, 된소리:밑줄, 거센소리:*기울기*

1

오늘도 하루 잘 살았다

- 오늘도 하루 잘 사랃따(23)

굽은 길은 굽게 가고

- 구븐 기른 굽께(23) 가고

곧은 길은 곧게 가고

- 고든 기른 곧께 가고

막판에는 나를 싣고

- 막파네는 나를 싣ː꼬(23)

가기로 되어 있는 차가

- 가기로 되어 인는(18) 차가

제 시간보다 일찍 떠나는 바람에

- 제 시간보다 일찍 떠나는 바라메

걷지 않아도 좋은 길을 두어 시간

- 걷ː찌(23) 아나도(12) 조ː은(12) 기를 두어 시간

땀 흘리며 걷기도 했다

- 땀 흘리며 걷ː끼도(23) 핻ː따(23)

그러나 그것도 나쁘지 아니했다

- 그러나 그걷또(23.) 나쁘지 아니핻따(23)

걷지 않아도 좋은 길을 걸었으므로

− 걷:찌(23) 아나도(12) 조:은(12) 기를 거러쓰므로

만나지 못했을 뻔했던 싱그러운

 − 만나지 *모:태쓸*(12.13) 뻔핻떤(23) 싱그러운

바람도 만나고 수풀 사이

 − 바람도 만나고 수풀 사이

빨갛게 익은 멍석딸기도 만나고

 − *빨:가케*(12) 이근 멍석딸기도 만나고

해 저문 개울가 고기비늘 찍으러 온 물총새

 − 해 저문 개울까(27) 고기비늘 찌그러 온 물총새

물총새, 쪽빛 날갯짓도 보았으므로

 − 물총새, 쪽삗(23) 날개(갣)찓또(23.30) 보아쓰므로

이제 날 저물려 한다

 − 이제 날 저물려 한다

길바닥을 떠돌던 바람은 잠잠해지고

 − 길빠다글 떠돌던 바라은 잠잠해지고

새들도 머리를 숲으로 돌렸다

 − 새:들도 머리를 수프로 돌렫따

오늘도 하루 나는 이렇게

 − 오늘도 하루 나는 *이러케*(12)

잘 살았다.

 − 잘 사랃따.

〉
2
세상에 나를 던져보기로 한다
- 세:상에 나를 던저보기로(5) 한다
한 시간이나 두 시간
- 한 시가니나 두: 시간

퇴근 버스를 놓친 날 아예
- 퇴(퉤):근 버스를 노친 날 아예
다음 차 기다리는 일을 포기해버리고
- 다음 차 기다리는 이:를 포:기해버리고
길바닥에 나를 놓아버리기로 한다
- 길빠다게 나를 노아버리기로 한다

누가 나를 주워가 줄 것인가?
- 누가 나를 주워가 줄 거신가(꺼신가)?(27.13)
만약 주워가 준다면 얼마나 내가
- 마:냑 주워가 준다면 얼마나 내가
나의 길을 줄였을 때
- 나의(에) 기를 주려쓸 때
주워가 줄 것인가?
- 주워가 줄 거신가(꺼신가)?(27.13)

한 시간이나 두 시간

- 한 시가니나 두ː 시간

시험 삼아 세상 한복판에

- 시험 사마 세ː상 한복파네

나를 던져보기로 한다

- 나를 던저보기로(5) 한다

나는 달리는 차들이 비껴가는

- 나는 달리는 차드리 비껴가는

길바닥의 작은 돌멩이.

- 길빠다긔(게) 자ː근 돌ː멩이.

122 손택수의 「지게體」

지게體 / 손택수

부산진 시장에서 화물전표 글씨는 아버지 전담이었다
초등학교를 중퇴한 아버지가 시장에서 대접을 받은 건
순전히 필체 하나 때문이었다
전국 시장에 너거 아부지 글씨 안 간 데가 없을끼다 아마
지게 쥐던 손으로 우찌 그리 비단 같은 글씨가 나왔겠노
왕희지 저리 가라, 궁체도 민체도 아이고 그기
진시장 지게체 아이가
숙부님 말로는 학교에 간 동생들을 기다리며
집안 살림 틈틈이 펜글씨 독본을 연습했다고 한다
글씨체를 물려주고 싶으셨던지 어린 손을 쥐고
자꾸만 삐뚤어지는 글씨에 가만히 호흡을 실어주던 손
손바닥의 못이 따끔거려서 일찌감치 악필을 선언하고 말았지만
일당벌이 지게를 지시던 당신처럼 나도
펜을 쥐고 일용할 양식을 찾는다

모이를 쪼는 비둘기 부리처럼 펜 끝을 콕콕거린다

비록 물려받지는 못했으나 획을 함께 긋던 숨결이 들릴 것도 같다

이제는 지상에 없는 지게체

- 출처 : 손택수 시집.『붉은빛이 여전합니까』. 창비시선 440. 초판 1쇄 발행 2020년 2월 20일. 초판 6쇄 발행 2023년 7월 18일. 32쪽. (-『부산일보/오늘을 여는 詩』 2025. 02. 04.)

[참고본 또는 이본]

인터넷 등에 소개된 시의 대부분이 원문을 잘 보존하여 소개되어 있다. 참고본 또는 이본을 생략한다.

[시인 소개]

손택수 시인

출생 : 1970년 전남 담양.

학력 : 경남대 국문과, 부산대 국문과 대학원.

데뷔 : 1998년《한국일보》신춘문예「언덕위의 붉은 벽돌집」당선

경력 : 노작홍사용문학관 관장

수상 : 제13회 노작문학상

[시의 이해]

　그리움은 사람이 살아갈 수 있도록 해 주는 큰 힘이 아닐는지요. 늙고 병든 아버지의 등을 밀며 낙인처럼 찍혀있던 지게 자국을 보았다는 시인의 시 '아버지의 등을 밀며'가 생각납니다. 노동자로 살아왔고, 살고 있는 사람들의 몸에는 그들만의 흔적이 정신과 육체 어딘가에 있을 겁니다. 아름다운 것 하나쯤 물려주고 싶었던 아버지의 마음 때문에 시인은 글을 쓰며 살아가고 있는 거겠지요.

　시인은 늦깎이 대학생 시절에 야간 수위 아르바이트를 하면서 좋은 시집을 필사했는데요. 오른손 검지에 펜혹이 생길 때까지 필사했다고 합니다. 왜 시를 쓸까, 물을 때마다 좋은 시를 만나고 좋은 시인을 만났다는 것으로 답을 대신하게 됩니다. 누구에게나 자신의 삶이 묻어있는 글씨체가 있을 겁니다. 흰 종이 위에 그리운 아버지의 이름을 적어봅니다.
　〈신정민 시인〉

[발음 연구]

[낭송의 실제]를 참고한다.

[조사 '의'의 발음]

　이 시에는 아래와 같이 조사 '의'가 나온다. 소유격 '의'가 처소격 '에'가 되지 않도록 시의 원문을 충분히 이해하고 발음하기를 권한다.
　특히 한 행에 '의'와 '에'가 연달아 나올 때는 꼭 구분하여 발음해야 한다.

또한 제목에 사용하는 소유격 조사 '의'는 꼭 '의'로 발음하여야 한다. 왜냐하면 제목에는 '종결어미'가 없기에 소유격과 처소격을 분명하게 제시해 주어야 하기 때문이다.

'손바닥의 못이 따끔거려서 일찌감치 악필을 선언하고 말았지만'

[띄어읽기와 끊어읽기]

낭송가의 호흡과 강조하는 부분이 다를 수 있어 일률적인 표기를 생략한다.

[중요 낱말 및 시어 시구 풀이]

지게체 : 이 세상에 존재하지 않는 글씨체다. 시인은 조어를 만들어서 시를 쓴다. 배한봉의 '육탁'이 그러하고 곽재구의 '사평역'이 그러하다. 그러나 손택수 시인의 아버지는 실제로 '지게체'를 쓰셨다. 그러나 이제는 이 세상에 존재하지 않는 그 아버지만의 필체이다.

[낭송의 실제]

지게體 / 손택수

- 지게체 / 시 손택수(쑤)・낭 : 송 ○○○. -장음: :, 된소리:밑줄, 거

센소리:기울기

부산진 시장에서 화물전표 글씨는 아버지 전담이었다
- 부산진 시:장에서 화:물전표 글씨는 아버지 전다미얻따
초등학교를 중퇴한 아버지가 시장에서 대접을 받은 건
- 초등학꾜를 중퇴(퉤)한 아버지가 시:장에서 대:저블 바든 건
순전히 필체 하나 때문이었다
- 순전히 필체 하나 때무니얻따
전국 시장에 너거 아부지 글씨 안 간 데가 없을끼다 아마
- 전국 시:장에 너거 아부지 글씨 안 간 데가 업:쓸끼다 아마
지게 쥐던 손으로 우찌 그리 비단 같은 글씨가 나왔겠노
- 지게 쥐:던 소느로 우찌 그리 비:단 가튼 글씨가 나완껜노
왕희지 저리 가라, 궁체도 민체도 아이고 그기
- 왕히지 저리 가라, 궁체도 민체도 아이고 그기
진시장 지게체 아이가
- 진:시장 지게체 아이가
숙부님 말로는 학교에 간 동생들을 기다리며
- 숙뿌님 말:로는 학꾜에 간 동생드를 기다리며
집안 살림 틈틈이 펜글씨 독본을 연습했다고 한다
- 지반 살림 틈트미 펜글씨 독뽀늘 연:스팯따고 한다
글씨체를 물려주고 싶으셨던지 어린 손을 쥐고
- 글씨체를 물려주고 시프션떤지 어린 소늘 쥐:고

자꾸만 삐뚤어지는 글씨에 가만히 호흡을 실어주던 손
- 자꾸만 삐뚜러지는 글씨에 가만히 호흐블 시러주던 손

손바닥의 못이 따끔거려서 일찌감치 악필을 선언하고 말았지만
- 손빠다긔(게) 모시 따끔거려서 일찌감치 악피를 서넌하고 마랃찌만

일당벌이 지게를 지시던 당신처럼 나도
- 일땅버리 지게를 지시던 당신처럼 나도

펜을 쥐고 일용할 양식을 찾는다
- 페늘 쥐ː고 이룡할 양시글 찬는다

모이를 쪼는 비둘기 부리처럼 펜 끝을 콕콕거린다
- 모이를 쪼ː는 비둘기 부리처럼 펜 끄틀 콕콕꺼린다

비록 물려받지는 못했으나 획을 함께 긋던 숨결이 들릴 것도 같다
- 비록 물려받찌는 모ː태쓰나 회글 함께 귿ː떤 숨ː껴리 들릴 걷(껃)또 갇따

이제는 지상에 없는 지게체
- 이제는 지상에 엄ː는 지게체

123 도종환의 「세시에서 다섯시 사이」

세시에서 다섯시 사이 / 도종환

 산벚나무 잎 한쪽이 고추잠자리보다 더 빨갛게 물들고 있다 지금 우주의 계절은 가을을 지나가고 있고, 내 인생의 시간은 오후 세시에서 다섯시 사이에 와 있다 내 생의 열두시에서 한시 사이는 치열하였으나 그 뒤편은 벌레 먹은 자국이 많았다

 이미 나는 중심의 시간에서 멀어져 있지만 어두워지기 전까지 아직 몇 시간이 남아 있다는 것이 고맙고, 해가 다 저물기 전 구름을 물들이는 찬란한 노을과 황홀을 한번은 허락하시리라는 생각만으로도 기쁘다

 머지않아 겨울이 올 것이다 그때는 지구 북쪽 끝의 얼음이 녹아 가까운 바닷가 마을까지 얼음조각을 흘려보내는 날이 오리라 한다 그때도 숲은 내 저문 육신과 그림자를 내치지 않을 것을 믿는다 지난봄과 여름 내가 굴참나무와 다람쥐와 아이들과 제비꽃을 얼마나 좋아하였는지 그것들을 지키기 위해 보낸 시간이 얼마나 험했는지 꽃과 나무들이 알고

있으므로 대지가 고요한 손을 들어 증거해줄 것이다

아직도 내게는 몇 시간이 남아 있다
지금은 세시에서 다섯시 사이

- 출처 : 도종환의 나의 삶, 나의 시『꽃은 젖어도 향기는 젖지 않는다』. 2012년 1월 16일. (초판 1쇄 발행 2011년 10월 31일). 한겨레출판. 350~352쪽. (도종환 시집. 세시에서 다섯시 사이. 창비. 2011년 7월 18일)

[참고본 또는 이본]

이 시는 '도종환 시집 :『세시에서 다섯시 사이』라는 표제로 〈2025년 창비〉에서 다시 출간되었다.

[시인 소개]

도종환 국회의원, 시인

출생 : 1955년 9월 27일, 충북 청주시

소속 : 더불어민주당

지역구 : 충북 청주시흥덕구

학력 : 충남대학교 대학원 졸업(문학박사)

데뷔 : 1984년 동인지 '고두미 마을에서' 등단

사이트 : 블로그, 페이스북, 유튜브

[시의 이해]

　도종환의 신작 시집 '세시에서 다섯시 사이(창비)'와 '꽃은 젖어도 향기는 젖지 않는다(한겨레출판)'에 실린 시다. 이 시는 "내 인생은 하루 중 몇 시쯤인가"라는 물음에서 시작했다고 시인은 밝혔다. 뜨겁고 치열했던 낮 12시 전후를 지나 오후의 시간은 의기소침한 채 지냈다고 한다. 저무는 시간만 남았는데 이대로 어두워지는가. 아름다운 노을이 하늘을 황홀하게 물들이는 시간이 한 번쯤 허락된다고 믿고 살자고 시인은 몸과 마음을 추스르고 있다.

　부정적인 생각과 긍정적인 생각은 뒤집어보기에서 출발한다. '이것밖에 안 남았네'보다 '아직 이렇게나 많이 남았네'라고 뒤집어 생각하기가 긍정적인 삶을 살게 해 줄 것이다.

　사과 세 알을 먹는 방법은 두 가지다. 아껴 먹으려고 아주 작고 못생긴 것부터 먹으면 늘 작고 못생긴 것만 먹지만, 크고 잘생긴 것부터 먹으면 늘 크고 잘생긴 것을 먹는 것이 된다.

　문태준의 시 '옮겨가는 초원'에는 '오후 세시 지금 이곳을 지나가는 구름 그림자나 되어서 / 그대와 나도 구름 그림자 같은 천막이나 옮겨가며 살자'라는 시구가 있다.

　그리고 보니 문득 나도 벌써 오후 세시를 넘어 다섯시를 지나 여섯시를 향해 가고 있음을 본다. 어두워지기 전에 시 한 편 더 써야겠다.

[발음 연구]
[낭송의 실제]를 참고한다.

[조사 '의'의 발음]
　이 시에는 아래와 같이 조사 '의'가 나온다. 소유격 '의'가 처소격 '에'가 되지 않도록 시의 원문을 충분히 이해하고 발음하기를 권한다.

　특히 한 행에 '의'와 '에'가 연달아 나올 때는 꼭 구분하여 발음해야 한다.

　또한 제목에 사용하는 소유격 조사 '의'는 꼭 '의'로 발음하여야 한다. 왜냐하면 제목에는 '종결어미'가 없기에 소유격과 처소격을 분명하게 제시해 주어야 하기 때문이다.

　　　'지금 우주*의* 계절은 가을을 지나가고 있고,'
　　　'내 인생*의* 시간은 오후 세시에서 다섯시 사이에 와 있다'
　　　'내 생*의* 열두시에서 한시 사이는 치열하였으나'
　　　'이미 나는 중심*의* 시간에서 멀어져 있지만'
　　　'지구 북쪽 끝*의* 얼음이 녹아'

[띄어읽기와 끊어읽기]
낭송가의 호흡과 강조하는 부분이 다를 수 있어 일률적인 표기를 생략한다.

[중요 낱말 및 시어 시구 풀이]
- 산-벚나무(山벚나무) : 발음[산번나무]

「명사」『식물』장미과의 낙엽 활엽 교목. 벚나무와 비슷하나 수피가 검은 밤색이다. 높이는 25미터 정도이며, 잎은 달걀 모양의 타원형 또는 넓은 타원형이다. 봄에 연붉은색 꽃이 산형(繖形) 화서로 피고 여름에 까만 핵과(核果)를 맺는다. 바다 가까운 숲속에 나는데 한국, 일본, 사할린 등지에 분포한다.≒벚나무, 산앵.

- 고추-잠자리 : 발음[고추잠자리]

「명사」『동물』잠자릿과의 곤충. 수컷은 몸이 붉으며 암컷은 노르스름하여 '메밀잠자리'라고도 한다. 날개는 노란색으로 후에 가장자리만 빛깔이 달라지며 초가을에 농촌이나 연못가에 떼 지어 날아다닌다. 한국, 일본, 중국 등지에 분포한다. ≒강추.

- 굴-참나무 : 발음 [굴참나무]

「명사」『식물』굴참나무는 참나무과에 속하며 겨울에 잎이 지는 큰 키나무이다.

함경북도, 평안북도를 제외한 한국 각처의 산지에 걸쳐 자란다. 잎은 어긋나며 타원형, 넓은 피침형이다. 길이는 8~15 센티미터, 가시 모양의 돌기를 가진 예리한 톱니가 있고, 뒷면에 별 모양의 흰 털이 밀생한다. 꽃은 암수한그루로 수꽃이삭은 축 늘어지며, 꽃덮이는 3~5장, 수술 4~5개다. 암꽃이삭은 짧고 잎겨드랑이에 붙으며, 총포에 싸이고, 암술대 3개이다. 열매는 견과로 타원형, 총포 조각은 선형이고, 뒤로 젖혀진다. 상수리나무와 닮았으나, 잎 뒤가 희고, 수피의 코르크질이 두껍게 발달한 점이 특징이다. 이같이 굴참나무는 나무껍질이 두꺼워 코르크 재료로 이용하는데 세로로 골이 파여있다. 이 때문에 골이 파인 참나무라는 뜻에서 골참나무라고 부르던 것이 굴참나무로 변한 것으로 추정된다. 개화기는 5월, 결실기는 10월이다. 열매는 식용, 재목은 땔감·가구재, 껍질은 염료 또는 코르크재로 이용한다.

* 참나무는 참나무속(Quercus)에 속하는 나무들을 말하는데 졸참나무, 굴참나무, 갈참나무, 신갈나무, 떡갈나무, 상수리나무 등이 대표적인 것들로 도토리가 열리는 특징을 갖고 있다.

[낭송의 실제]
[표준발음으로 표기하기]

세시에서 다섯시 사이 / 도종환

- 세ː시에서 다섣씨 사이 / 시 도종환·낭ː송 ○○○.
- 장음ː:, 된소리:밑줄, 거센소리:기울기

산벚나무 잎 한쪽이 고추잠자리보다 더 빨갛게 물들고 있다 지금 우주의 계절은 가을을 지나가고 있고, 내 인생의 시간은 오후 세시에서 다섯시 사이에 와 있다 내 생의 열두시에서 한시 사이는 치열하였으나 그 뒤편은 벌레 먹은 자국이 많았다

- 산번나무 입 한쪼기 고추잠자리보다 더 빨:가케 물들고 읻따 지금 우:주의(에) 계(게):저른 가으를 지나가고 읻꼬 내 인생의(에) 시가는 오:후 세:시에서 다섣씨 사이에 와 읻따 내 생의(에) 열:뚜시에서 한시 사이는 치열하여쓰나 그 뒤:펴는 벌레 머근 자구기 마:낟따

이미 나는 중심의 시간에서 멀어져 있지만 어두워지기 전까지 아직 몇 시간이 남아 있다는 것이 고맙고, 해가 다 저물기 전 구름을 물들이는 찬란한 노을과 황홀을 한번은 허락하시리라는 생각만으로도 기쁘다

- 이:미 나는 중시믜(에) 시가네서 머:러저 읻찌만 어두워지기 전까지 아직 멷 시가니 나마 읻따는 거시 고:맙꼬, 해가 다: 저물기 전 구르믈 물드리는 찰:란한 노을과 황호를 한버는 허라카시리라는 생강마느로도 기쁘다

머지않아 겨울이 올 것이다 그때는 지구 북쪽 끝의 얼음이 녹아 가까운 바닷가 마을까지 얼음조각을 흘려보내는 날이 오리라 한다 그때도 숲은 내 저문 육신과 그림자를 내치지 않을 것을 믿는다 지난봄과 여름 내가 굴참나무와 다람쥐와 아이들과 제비꽃을 얼마나 좋아하였는지 그

것들을 지키기 위해 보낸 시간이 얼마나 험했는지 꽃과 나무들이 알고 있으므로 대지가 고요한 손을 들어 증거해줄 것이다

– 머지아나 겨우리 올 거(꺼)시다 그때는 지구 북쪽 끄틔(테) 어르미 노가 가까운 바다(닫)까 마을까지 어름조가글 흘려보내는 나리오리라 한다 그때도 수픈 내 저문 육씬과 그ː림자를 내ː치지 아늘 거(꺼)슬 믿는다 지난봄과 여름 내가 굴참나무와 다람쥐와 아이들과 제ː비꼬츨 얼마나 조ː아하연는지 그걷뜨를 지키기 위해 보낸 시가니 얼마나 험ː핸는지 꼳꽈 나무드리 알ː고 이쓰므로 대ː지가 고요한 소늘 드러 증거해줄 거(꺼)시다

아직도 내게는 몇 시간이 남아 있다
– 아직또 내게는 멷 시가니 나마 읻따
지금은 세시에서 다섯시 사이
– 지그믄 세ː시에서 다섣씨 사이

[원문에 직접 발음 표기하기]
-(장음: ː, 된소리:밑줄 , 거센소리:*기울기*

세ː시에서 다섯시 사이 / 도종환

산벚나무 잎 한쪽이 고추잠자리보다 더 *빨ː갛게* 물들고 있다 지금

우:주의 계:절은 가을을 지나가고 있고, 내 인생의 시간은 오:후 세:
시에서 다섯시 사이에 와 있다 내 생의 열:두시에서 한시 사이는 치열
하였으나 그 뒤:편은 벌레 먹은 자국이 많:았다

이:미 나는 중심의 시간에서 멀:어져 있지만 어두워지기 전까지 아
직 몇 시간이 남아 있다는 것이 고:맙고, 해가 다: 저물기 전 구름을
물들이는 찬:란한 노을과 황홀을 한번은 허락하시리라는 생각만으로
도 기쁘다

머지않아 겨울이 올 것이다 그때는 지구 북쪽 끝의 얼음이 녹아 가까
운 바닷가 마을까지 얼음조각을 흘려보내는 날이 오리라 한다 그때도
숲은 내 저문 육신과 그:림자를 내:치지 않을 것을 믿는다 지난봄과
여름 내가 굴참나무와 다람쥐와 아이들과 제:비꽃을 얼마나 좋:아하
였는지 그것들을 지키기 위해 보낸 시간이 얼마나 힘:했는지 꽃과 나
무들이 알:고 있으므로 대:지가 고요한 손을 들어 증거해줄 것이다

아직도 내게는 몇 시간이 남아 있다
지금은 세:시에서 다섯시 사이

[산문 형식의 배열을 운문 형식으로 바꾸어 보기]

세시에서 다섯시 사이 / 도종환
- 세:시에서 다섣씨 사이 / 시 도종환·낭:송 ○○○.

산벚나무 잎 한쪽이/ 고추잠자리보다 더 빨갛게 물들고 있다
- 산번나무 입 한쪼기 고추잠자리보다 더 빨:가케 물들고 읻따
지금 우주의 계절은/ 가을을 지나가고 있고,
- 지금 우:주의(에) 계(게):저른 가으를 지나가고 읻꼬
내 인생의 시간은/ 오후 세시에서 다섯시 사이에 와 있다
- 내 인생의(에) 시가는 오:후 세:시에서 다섣씨 사이에 와 읻따
내 생의 열두시에서 한시 사이는/ 치열하였으나
- 내 생의(에) 열:뚜시에서 한시 사이는 치열하여쓰나
그 뒤편은/ 벌레 먹은 자국이 많았다
- 그 뒤:펴는 벌레 머근 자구기 마:낟따

이미/ 나는/ 중심의 시간에서 멀어져 있지만
- 이:미 나는 중시믜(메) 시가네서 머:러저 읻찌만
어두워지기 전까지/ 아직 몇 시간이 남아 있다는 것이 고맙고
- 어두워지기 전까지 아직 멷 시가니 나마 읻따는 거시 고:맙꼬,
해가 다 저물기 전/ 구름을 물들이는 찬란한 노을과 황홀을
- 해가 다: 저물기 전 구르믈 물드리는 찰:란한 노을과 황호를

한번은/ 허락하시리라는 생각만으로도 기쁘다

- 한버는 허라카시리라는 생강마느로도 기쁘다

머지않아 겨울이 올 것이다

- 머지아나 겨우리 올 거(꺼)시다

그때는/ 지구 북쪽 끝의 얼음이 녹아

- 그때는 지구 북쪽, 끄틔(테) 어르미 노가

가까운 바닷가 마을까지/ 얼음조각을 흘려보내는 날이 오리라 한다

- 가까운 바다까(바닫까) 마을까지 어름조가글 흘려보내는 나리 오리라 한다

그때도/ 숲은/ 내 저문 육신과 그림자를

- 그때도 수픈 내 저문 육씬과 그ː림자를

내치지 않을 것을 믿는다

- 내ː치지 아늘 거슬 믿는다

지난봄과 여름/ 내가 굴참나무와 다람쥐와

- 지난봄과 여름 내가 굴참나무와 다람쥐와

아이들과 제비꽃을/ 얼마나 좋아하였는지

- 아이들과 제ː비꼬츨 얼마나 조ː아하연는지

그것들을 지키기 위해 보낸 시간이/ 얼마나 험했는지

- 그걷뜨를 지키기 위해 보낸 시가니 얼마나 험ː핸는지

꽃과 나무들이 알고 있으므로

- 꼳꽈 나무드리 알ː고 이쓰므로

대지가/ 고요한 손을 들어/ 증거해줄 것이다

- 대ː지가 고요한 소늘 드러 증거해줄 거(꺼)시다

아직도 내게는/ 몇 시간이 남아 있다

- 아직또 내게는 멷 시가니 나마 읻따

지금은 세시에서 다섯시 사이

- 지그믄 세ː시에서 다섣씨 사이

124 김종래의 「칭기스칸」
(칭기스칸의 편지)

한국의 젊은이들아!
한국의 미래를 짊어질 푸른 군대의 병사들아!
한때 고려를 지배했던 이 칭기스칸을 적이나 원수로 생각하지 말고 세계를 지배했던 나의 현명한 지혜와 리더십을 배워보라!

칭기스칸 / 김종래

집안이 나쁘다고 탓하지 말라!
나는 아홉 살 때 아버지를 잃고 마을에서 쫓겨났다.

가난하다고 말하지 말라!
나는 들쥐를 잡아먹으며 연명했고
목숨을 건 전쟁터가 내 일이고 내 직업이었다.

작은 나라에서 태어났다고 말하지 말라!
그림자 말고는 친구도 없고

병사는 십만, 백성은 어린애 노인까지 합쳐
이백만도 되지 않았다.

배운 게 없다고, 힘이 약하다고 탓하지 말라!
나는 내 이름 석 자도 쓸 줄 몰랐지만
남의 말에 귀를 기울이면서
현명해지는 법을 배웠다.

너무 막막하다고, 그래서 포기해야겠다고 말하지 말라!
나는 목에 칼을 쓰고도 탈출했고
뺨에 화살을 맞고 죽었다 살아나기도 했다.

적은 밖에 있는 것이 아니라 내 안에 있었다.
나는 그 거추장스러운 것들을 깡그리 쓸어버렸다.

나 자신을 극복하자
나는 칭기스칸이 되었다. ('칭기스칸'의 표준표기법은 '칭기즈칸'이다)

*『칭기스칸의 리더십 혁명』㈜크레듀. 2006. 11. 01.(초판 5쇄 발행) 서문의 글을 2023년 11월 13일. 황봉학 시인, 시낭송교육자 자료 정리.

[원본이나 정본의 확보 과정]

이 글은 시가 아니라 김종래 기자가 쓴 『칭기스칸의 리더십 혁명』과 『밀레니엄맨 칭기스칸』에 실린 글이다. 『밀레니엄맨』이라는 책의 '칭기스칸의 편지'라는 글의 일부다. 여러 가지 형태로 포털사이트(2,000여 개)에 소개되어 있어 그 글귀도 천차만별이다. 하여 여기 낭송에 가장 어울리도록 정리하여 올린다. 작가 김종래는 많은 사람이 사랑하는 글이니만큼 '좋은 목적으로 사용되길 바란다'고 책에 적었다.

[참고본 또는 이본]

인터넷상에 소개된 글.

칭기스칸

집안이 나쁘다고 탓하지 말라!
나는 아홉 살 때 아버지를 잃고 마을에서 쫓겨났다.

가난하다고 말하지 말라!
나는 들쥐를 잡아먹으며 연명했고
목숨을 건 전쟁터가 내 일이고 내 직업이었다.

작은 나라에서 태어났다고 탓하지 말라!
그림자 말고는 친구도 없고

병사는 십만, 백성은 어린애 노인까지 합쳐
채 이백만도 되지 않았다.

배운 게 없다고, 힘이 없다고 말하지 말라!
나는 내 이름 석 자도 쓸 줄 몰랐지만
남의 말에 귀를 기울이면서
현명해지는 법을 배웠다.

너무 막막하다고, 그래서 포기해야겠다고 말하지 말라!
나는 목에 칼을 쓰고도 탈출했고
뺨에 화살을 맞고 죽었다 살아나기도 했다.

적은 밖에 있는 것이 아니라 내 안에 있었다.
나는 나의 거추장스러운 모든 것을 깡그리 쓸어버렸다.

나를 극복하는 그 순간
나는 칭기스칸이 되었다.

징기스칸의 명언

외롭다 말하지 말라.

나는 아홉 살에 아버지를 잃고 마을에서 쫓겨났으며 그림자 말고는 아무런 친구도 없었다.

가난하다고 말하지 말라.
나는 황량한 초원에서 불타는 태양과 눈보라 속에 풀뿌리와 들쥐를 잡아먹으며 생명을 연명했다.

힘들다 말하지 말라.
나는 집 안에 머물지를 못했으며, 전 세계를 누비고 달렸다.
목숨을 건 전쟁이 곧 내 직업이고 일이었다.
작은 나라에서 태어났다고 말하지 말라.
나의 제국은 10만 병사로 세계를 평정했고, 백성 어린애 노인까지 2백만도 되지 않는 나라에서 태어나고 자랐다.
배운 게 없다고 말하지 말라.
나는 내 이름도 쓸 줄 몰랐으나, 살아가면서 남의 말에 귀를 기울이며 현명해지는 법을 터득하고 배웠다.

힘이 없다고 말하지 말라.
나는 목에 칼을 쓰고도 탈출했고, 뺨에 화살을 맞고 죽었다 살아나기까지 했다.
적은 바깥에 멀리 있는 것이 아니라 내 안에 있는 것이다.
나는 내게 거추장스러운 것을 깡그리 쓸어 쏟아버렸다.

내가 나를 극복하는 그 순간, 나는 무적의 "징기스칸"이 되었다.

[작가 소개]
김종래 언론인

출생 : 1952년 4월 10일 충청남도 논산

경력 : 몽골대통령 고문, 조선일보 편집국 편집총괄담당 부국장

수상 : 2007 몽골 북극성 훈장

저서 : 『결단의 리더 쿠빌라이칸』『칭기스칸 내 안의 리더를 깨우다.2』
『유목민 이야기』『칭기스칸』외

[시의 이해]

시낭송을 지도하다 보면 소설의 일부 또는 수필을 시로, 시조를 자유시로 잘못 이해하고 낭송하는 경우가 많다. 정확한 원문을 확인하지 않고 낭송하는 결과이다. 특히 시조의 경우 2022년도에 국회를 거쳐 문학의 한 장르로 인정되어서 낭송할 때도 '시'로 하지 않고, '시조'로 하는 것이 좋다. 또한 수필은 '수필'이라고 밝히고, 이 글의 경우는 '시'나 수필이 아니기 때문에 '글'이라고 장르를 알려 주는 것이 좋다.

[발음 연구]

[낭송의 실제]를 참고한다.

[조사 '의'의 발음]

이 글에는 아래와 같이 조사 '의'가 나온다. 소유격 '의'가 처소격 '에'가 되지 않도록 시의 원문을 충분히 이해하고 발음하기를 권한다.

특히 한 행에 '의'와 '에'가 연달아 나올 때는 꼭 구분하여 발음해야 한다.

또한 제목에 사용하는 소유격 조사 '의'는 꼭 '의'로 발음하여야 한다. 왜냐하면 제목에는 '종결어미'가 없기에 소유격과 처소격을 분명하게 제시해 주어야 하기 때문이다.

'남*의* 말에 귀를 기울이면서'

[띄어읽기와 끊어읽기]

낭송가의 호흡과 강조하는 부분이 다를 수 있어 일률적인 표기를 생략한다.

[중요 낱말 및 시어 시구 풀이]

칭기즈칸 : 몽골 제국의 초대 카간.

몽골 초원의 허허벌판 위에 인류 역사상 최대 규모의 단일 제국을 건국했으며, 13세기 구대륙을 제패하여 이후 세계사의 흐름을 여러 의미로 크게 바꾸었다. 이후 손자인 세조 쿠빌라이칸은 중국 대륙에서 원나라를 건국한 이후, 칭기즈칸에게 태조라는 묘호를 올렸다.

〈생애〉

 보르지긴 오복(어웍) 키야트 씨족의 테무진보다 세력이 더 컸던 의형제(안다)인 자다란 자무카는 내심 칸이 되기를 기대했으나, 보르지긴 오복 주르킨(또는 유르킨) 씨족 등의 강력한 지지로 테무진이 카마그 몽골의 제4대 칸이 되었다.(1189년) 이후 자무카는 자신의 지지 세력을 결집해 멋대로 온 세상의 왕이라는 칭호를 붙이고, 구르칸에 올라 테무진칸을 상대로 벌인 전쟁에서 상당히 강력한 모습을 보여 주었지만 결국 진압되었다. 그 후 동나이만과 카마그 몽골 사이의 결전이었던 차키르마우트 전투에서 패주하는 도중 자무카는 부하의 배반으로 칭기즈칸에게 붙잡혀 처형되었다.

 오늘날 잘 알려진 칭호인 칭기즈칸은 몽골 고원을 통일한 1206년부터 칭하기 시작한 것이었다. 당시의 몽골어로는 칭기스칸이라고 부르는 것이 실제 발음에 가장 가깝다고 한다. 오고타이칸 이후로는 '칭기스 카간', 13세기 후반 이후로는 '칭기스 카안'으로 불렸다고 한다. 현대 몽골어로는 발음이 '칭기스 하앙'[t͡ɕʰiŋɡis xaːŋ]에 가깝게 발음한다. 몽골 문자로 표기할 때는 시대를 막론하고 '칭기스 카간'으로 표기하는 것이 표준이다.

 현대 몽골어로 '칭기스(Чингис)는 위대하다를 뜻한다. 어원에 대해 다양한 설이 존재하는데, 라시드 앗 딘은 '칭'의 의미는 단단하고 강하다라는 뜻이며 '칭기즈'는 '칭'의 복수형이라고 서술했다. 반면 중국학 학자 폴 펠리오에 의하면 몽골어에서 '칭'의 복수형이 칭기스가 될 수 없고, 호수나 바다를 의미하는 튀르크어인 tangiz에서 온 것으로 추정했다. 이

견해를 받아들이면 칭기즈칸은 사해의 군주, 세계의 군주라는 의미가 된다. 이 외에도 중국어 천자(天子)나 새가 우는 소리를 나타내는 의성어에서 비롯되었다는 이야기도 있다.

[낭송의 실제]

칭기스칸 / 김종래

- 칭기스칸 / 글 김종래·낭:송 ○○○ -장음::, 된소리:밑줄, 거센소리:기울기

집안이 나쁘다고 탓하지 말라!

- 지바니 나쁘다고 *타타지* 말:라!

나는 아홉 살 때 아버지를 잃고 마을에서 쫓겨났다.

- 나는 아홉 살 때 아버지를 일코 마으레서 쫃껴낟따.

가난하다고 말하지 말라!

- 가난하다고 말:하지 말:라!

나는 들쥐를 잡아먹으며 연명했고

- 나는 들:쮜를 자바머그며 연명핻꼬

목숨을 건 전쟁터가 내 일이고 내 직업이었다.

- 목쑤믈 건: 전:쟁터가 내 이:리고 내 지거비얻따.

〉

작은 나라에서 태어났다고 말하지 말라!
- 자ː근 나라에서 태어낟따고 말ː하지 말ː라!

그림자 말고는 친구도 없고
- 그ː림자 말ː고는 친구도 업ː꼬

병사는 십만, 백성은 어린애 노인까지 합쳐
- 병사는 심만, 백썽은 어리내 노ː인까지 합처

이백만도 되지 않았다.
- 이ː뱅만도 되지 아낟따.

배운 게 없다고, 힘이 약하다고 탓하지 말라!
- 배운 게 업ː따고, 히미 *야카다고 타타지* 말ː라!

나는 내 이름 석 자도 쓸 줄 몰랐지만
- 나는 내 이름 석ː 자(짜)도 쓸 줄(쭐) 몰ː랃찌만

남의 말에 귀를 기울이면서
- 나믜(메) 마ː레 귀를 기우리면서

현명해지는 법을 배웠다.
- 현명해지는 버블 배웓따.

너무 막막하다고, 그래서 포기해야겠다고 말하지 말라!
- 너무 *망마카다고,* 그래서 포ː기해야겓따고 말ː하지 말ː라!

나는 목에 칼을 쓰고도 탈출했고

251

- 나는 모게 카를 쓰고도 탈출핻꼬

뺨에 화살을 맞고 죽었다 살아나기도 했다.
- 빠메 화사를 맏꼬 주걷따 사라나기도 핻:따.

적은 밖에 있는 것이 아니라 내 안에 있었다.
- 저근 바께 인는 거시 아니라 내 아네 이썯따.

나는 그 거추장스러운 것들을 깡그리 쓸어버렸다.
- 나는 그 거:추장스러운 걷뜨를 깡그리 쓰러버럳따.

나 자신을 극복하자
- 나 자시늘 극뽀카자

나는 칭기스칸이 되었다.
- 나는 칭기스카니 되얻따.

125 이병철의 「안기기, 안아주기」

안기기, 안아주기 / 이병철

세상의 가슴 가운데 시리지 않은 가슴 있더냐.
모두 빈 가슴
안아 주어라.
안기고 싶을 때 네가 먼저 안아라.
너를 안는 건
네 속의 나를 안는 것.

네 가슴속
겁먹고 수줍던 아이
허기져 외롭던 아이를.

무엇이 옳다
누가 그르다
어디에도 우리가 던질 돌은 없다.

〉
포용이란 포옹이다.
닭이 알을 품듯
다만 가슴을 열어 그렇게 품어 안는 것.

가슴에 가슴을 맞대고
심장에 심장을 포개고
깊은 저 강물 소리 듣는 것.

저 간절한 눈동자
묻어둔 저 그리움
가슴으로 품어 환히 꽃피우는 것.

- 출처 : 이병철 산문과 시『당신이 있어』도서출판 민들레, 2009. 초판 2쇄 발행. 86~87쪽.

[정본 또는 원본 확인 과정]
이병철 산문과 시『당신이 있어』도서출판 민들레에서 원본을 확인하였다.

[참고본 또는 이본]

안기기, 안아주기 / 이병철

세상의 가슴 가운데 시리지 않은 가슴 있더냐
모두 빈 가슴 안아 주어라.
안기고 싶을 때 네가 먼저 안아라
너를 안는 건
네 속의 나를 안는 것.
네 가슴속 겁먹고 수줍던 아이
허기져 외롭던 아이를

무엇이 옳다 누가 그르다
어디에도 우리가 던질 돌은 없다
포용이란 포옹이다.
닭이 알을 품듯
다만 가슴을 열어 그렇게 품어 안는 것

가슴에 가슴을 맞대고
심장에 심장을 포개고
깊은 저 강물 소리 듣는 것.
저 간절한 눈동자

묻어둔 저 그리움

가슴으로 품어 환히 꽃피우는 것.

- 주의 : 시인이 발표한 원문을 훼손하는 것은 옳지 않다. 행과 연을 바꾸거나 심지어 부호 하나를 바꾸어도 시는 원뜻을 잃고 헤매게 된다. 시를 사랑한다면, 시인을 존경한다면 시의 원문을 절대 훼손하지 말라.

[시인 소개]

이병철 시인

출생 : 1974년 경남 고성.

경력 : 환경운동가. 녹색연합 공동대표.

저서 : 『밥의 위기, 생명의 위기』 『살아남기, 근원으로 돌아가기』
『나는 늙은 농부에 미치지 못하네』 시집 『당신이 있어』 외

[시의 이해]

〈간음하다 잡힌 여인〉

　다음날 이른 아침에 예수께서 또다시 성전에 나타나셨다.

　그러자 많은 사람이 몰려들었기 때문에 예수께서는 그들 앞에 앉아 가르치기 시작하셨다.

　그때 율법 학자들과 바리사이파 사람들이 간음하다 잡힌 여자 한 사람을 데리고 와서 앞에 내세우고 "선생님, 이 여자가 간음하다가 현장에

서 잡혔습니다. 우리의 모세 법에는 이런 죄를 범한 여자는 돌로 쳐 죽이라고 하였는데 선생님 생각은 어떻습니까?" 하고 물었다. 그들은 예수께 올가미를 씌워 고발할 구실을 찾으려고 이런 말을 하였던 것이다. 그러나 예수께서는 몸을 굽혀 손가락으로 땅바닥에 무엇인가 쓰고 계셨다. 그들이 하도 대답을 재촉하므로 예수께서는 고개를 드시고 "너희 중에 누구든지 죄 없는 사람이 먼저 저 여자를 돌로 쳐라." 하시고 다시 몸을 굽혀 계속해서 땅바닥에 무엇인가 쓰셨다. 그들은 이 말씀을 듣자 양심의 가책을 받아 나이 많은 사람부터 하나하나 가버리고 마침내 예수 앞에는 그 한가운데 서 있던 여자만이 남아 있었다. 예수께서 고개를 드시고 그 여자에게 "그들은 다 어디 있느냐? 너의 죄를 묻던 사람은 아무도 없느냐?"하고 물으셨다. "아무도 없습니다, 주님." 그 여자가 이렇게 대답하자 예수께서는 "나도 네 죄를 묻지 않겠다. 어서 돌아가라. 그리고 이제부터 다시는 죄짓지 마라."하고 말씀하셨다. -요한 복음서 7장 53절~8장 11절(공동번역성서)

'무엇이 옳다 누가 그르다
어디에도 우리가 던질 돌은 없다
포용이란 포옹이다.'
'세상의 가슴 가운데 시리지 않은 가슴 있더냐
모두 빈 가슴 안아 주어라.
안기고 싶을 때 네가 먼저 안아라'

시의 한 구절, 한 구절에 고개를 끄덕이는 것으로 시를 이해하고도 남겠다.

[발음 연구]

[낭송의 실제]를 참고한다.

[조사 '의'의 발음]

  이 시에는 아래와 같이 조사 '의'가 나온다. 소유격 '의'가 처소격 '에'가 되지 않도록 시의 원문을 충분히 이해하고 발음하기를 권한다.

  특히 한 행에 '의'와 '에'가 연달아 나올 때는 꼭 구분하여 발음해야 한다.

  또한 제목에 사용하는 소유격 조사 '의'는 꼭 '의'로 발음하여야 한다. 왜냐하면 제목에는 '종결어미'가 없기에 소유격과 처소격을 분명하게 제시해 주어야 하기 때문이다.

  '세상의 가슴 가운데 시리지 않은 가슴 있더냐.'
  '네 속의 나를 안는 것.'

[띄어읽기와 끊어읽기]

낭송가의 호흡과 강조하는 부분이 다를 수 있어 일률적인 표기를 생략한다.

[중요 낱말 및 시어 시구 풀이]

설명을 필요하게 하는 시어나 시구가 없다.

[낭송의 실제]

안기기, 안아주기 / 이병철

- 안기기, 아나주기 / 시 이병철·낭ː송 ○○○.

    세상의 가슴 가운데 시리지 않은 가슴 있더냐.

- 세ː상의(에) 가슴 가운데 시리지 아는 가슴 읻떠냐.

모두 빈 가슴

- 모두 빈ː 가슴

안아 주어라.

- 아나 주어라.

안기고 싶을 때 네가 먼저 안아라.

- 안기고 시플 때 네가 먼저 아나라.

너를 안는 건

- 너를 안ː는 건

네 속의 나를 안는 것.

- 네 소ː긔(게) 나를 안ː는 것.

    네 가슴속

- 네 가슴쏙

겁먹고 수줍던 아이

- 검먹꼬 수줍떤 아이

허기져 외롭던 아이를.

- 허기저 외롭떤 아이를.

무엇이 옳다

- 무어시 올타

누가 그르다

- 누가 그르다

어디에도 우리가 던질 돌은 없다.

- 어디에도 우리가 던질 도:른 업:따.

포용이란 포옹이다.

- 포:용이란 포:옹이다.

닭이 알을 품듯

- 달기 아를 품:뜯

다만 가슴을 열어 그렇게 품어 안는 것

- 다:만 가스믈 여러 그러케 푸머 안:는 걷.

가슴에 가슴을 맞대고

- 가스메 가스믈 맏때고

심장에 심장을 포개고

- 심장에 심장을 포개고

깊은 저 강물 소리 듣는 것.

– 기픈 저 강물 소리 든는 걷.

저 간절한 눈동자
– 저 간ː절한 눈똥자
묻어 둔 저 그리움
– 무더 둔 저 그리움
가슴으로 품어 환히 꽃피우는 것.
– 가스므로 푸머 환ː히 꼳피우는 걷.

126 유자효의 「개」

개 / 유자효

의정부에서 열린 전국 시낭송 경연대회 경기도 예선
눈 먼 여인이 누런 개의 인도를 받으며 건물로 들어섰다
대회장의 밖에 개는 공손하게 앉았다
여인은 화장실로 가서 짊어지고 온 가방을 풀어 한복으로 갈아 입었다
여인의 차례는 마지막이었다
몇 번을 맨발로 연습한 대회장 바닥의 감각을
맨발로 확인하며 단상에 올랐다
아무도 그녀가 눈이 먼 줄 몰랐다
여인은 창과 함께 시를 낭송했다
낭송은 다소 서툴렀지만 절절한 한 같은 것이 묻어 있었다
여인의 차례가 끝나고 화장실에서 옷을 갈아입는 동안
개는 눈을 끔벅이며 구석에 묵묵히 엎드려 있었다
누가 바라보면 개도 그를 물끄러미 바라보았다

어진 눈

어진 눈이었다

아무런 소리도 내지 않았다

마치 어느 착한 사람이 개의 형상을 하고 구석에 웅크리고 있는 듯 했다

여인은 장려상을 타고

개는 다시 여인을 인도해 건널목을 건넜다

아무도 그 개의 소리를 듣지 못했다

묵묵히 엎드려 있던 누런 등과

천천히 끔벅이던 어진 눈

이름 없는 무수한 성자 중의 하나가

개가 되어 여인을 인도하고 있었다

저 흔한 우리 누렁이 중의 하나가 되어

- [출처] : 유자효 시집 『성자가 된 개』, 도서출판 시학. 1판 1쇄 2006년 3월 25일. 1판 3쇄 2006년 6월 20일. 13쪽~14쪽.

[정본 또는 원본 확인 과정]

유자효 시집 『성자가 된 개』, 도서출판 시학에서 원본을 확인하였다.

[참고본 또는 이본]

개 / 유자효

의정부에서 열린 전국 시낭송 경연대회 경기도 예선

눈 먼 여인이 누런 개의 인도를 받으며 건물로 들어섰다
대회장의 밖에 개는 공손하게 앉았다
여인은 화장실로 가서 짊어지고 온 가방을 풀어 한복으로 갈아 입었다
여인의 차례는 마지막이었다
몇 번을 맨발로 연습한 대회장 바닥의 감각을
맨발로 확인하며 단상에 올랐다
아무도 그녀가 눈이 먼 줄 몰랐다
여인은 창과 함께 시를 낭송했다
낭송은 다소 서툴렀지만 절절한 한 같은 것이 묻어 있었다
여인의 차례가 끝나고 화장실에서 옷을 갈아입는 동안
개는 눈을 끔벅이며 구석에 묵묵히 엎드려 있었다
누가 바라보면 개도 그를 물끄러미 바라보았다

어진 눈
어진 눈이었다

아무런 소리도 내지 않았다

마치 어느 착한 사람이 개의 형상을 하고 구석에 웅크리고 있는 듯했다

여인은 장려상을 타고

개는 다시 여인을 인도해 건널목을 건넜다

아무도 그 개의 소리를 듣지 못했다

묵묵히 엎드려 있던 누런 등과

천천히 끔벅이던 어진 눈

이름 없는 무수한 성자 중의 하나

개가 되어 여인을 인도하고 있었다

저 흔한 누렁이 중의 하나가 되어

- 유자효 시집 '성자가 된 개', '시학'에서

시인이면서 문학평론가라는 어떤 분이 자기 블로그에 올린 글이다. 연을 마음대로 바꾸어서 올리는 평론가는 평론가의 자격이 없다.

[시인 소개]

유자효 시인

출생 : 1947년 9월 13일 부산.

데뷔 : 1972년《시조문학》에 시 '혼례' 당선

경력 : 2022~제44대 한국시인협회 회장

저서 : 시집『포옹』『꼭』『성자가 된 개』외

[시의 이해]

　인간과 개가 언제부터 공존하게 되었는지는 명확하지 않다. 서로의 필요에 의해 공존의 길을 택했겠지만 이처럼 서로를 의지하는 공존은 지구의 타 종과의 공존의 예로는 찾아보기 쉽지 않다. 말이 통하지 않는 서로를 이해하는 것보다 더 숭고한 사랑이 있을까. 눈빛 하나 몸짓 하나로 상대를 이해하고 필요한 무엇인가를 제공하는 개와 인간의 관계는 말이 통하면서도 서로를 배반하는 인간 간의 사이보다 더 숭고하다.
　시낭송을 통하여 개의 숭고한 희생을 생각하게 하는 이 순간이 그 어느 때보다 가슴에 와닿는 시간이다.

[발음 연구]

[낭송의 실제]를 참고한다.

[조사 '의'의 발음]

　이 시에는 아래와 같이 조사 '의'가 나온다. 소유격 '의'가 처소격 '에'가 되지 않도록 시의 원문을 충분히 이해하고 발음하기를 권한다.
　특히 한 행에 '의'와 '에'가 연달아 나올 때는 꼭 구분하여 발음해야 한다.
　또한 제목에 사용하는 소유격 조사 '의'는 꼭 '의'로 발음하여야 한다. 왜냐하면 제목에는 '종결어미'가 없기에 소유격과 처소격을 분명하게 제시해 주어야 하기 때문이다.

'눈 먼 여인이 누런 개의 인도를 받으며 건물로 들어섰다'
'대회장의 밖에 개는 공손하게 앉았다'
'여인의 차례는 마지막이었다'
'몇 번을 맨발로 연습한 대회장 바닥의 감각을'
'여인의 차례가 끝나고 화장실에서 옷을 갈아입는 동안'
'마치 어느 착한 사람이 개의 형상을 하고'
'아무도 그 개의 소리를 듣지 못했다'
'이름 없는 무수한 성자 중의 하나가'
'저 흔한 우리 누렁이 중의 하나가 되어'

[띄어읽기와 끊어읽기]
낭송가의 호흡과 강조하는 부분이 다를 수 있어 일률적인 표기를 생략한다 .

[중요 낱말 및 시어 시구 풀이]
성자(聖者) : 덕과 지혜가 뛰어나고 사리에 정통하여 모든 사람이 길이 우러러 받들고 모든 사람의 스승이 될 만한 사람.
[불교] 모든 번뇌를 버리고 정리(正理)를 깨달은 사람.
[기독][천주] 거룩한 신도나 순교자를 이르는 말.

[낭송의 실제]

개 / 유자효
- 개: / 시 유자효·낭:송 ○○○.

의정부에서 열린 전국 시낭송 경연대회 경기도 예선
 - 의정부에서 열린 전국 시낭송 경:연대회 경기도 예:선
눈 먼 여인이 누런 개의 인도를 받으며 건물로 들어섰다
 - 눈 먼: 여이니 누:런 개:의(에) 인도를 바드며 건:물로 드러섣따
대회장의 밖에 개는 공손하게 앉았다
 - 대:회(훼)장의(에) 바께 개:는 공손하게 안잗따
여인은 화장실로 가서 짊어지고 온 가방을 풀어 한복으로 갈아 입었다
 - 여이는 화장실로 가서 질머지고 온 가방을 푸러 한:보그로 가라 이벋따
여인의 차례는 마지막이었다
 - 여이늬(네) 차례는 마지마기얻따
몇 번을 맨발로 연습한 대회장 바닥의 감각을
 -면 버늘 맨발로 연:스판 대:회(훼)장 바다긔(게) 감:가글
맨발로 확인하며 단상에 올랐다
 - 맨발로 화긴하며 단상에 올랃따

아무도 그녀가 눈이 먼 줄 몰랐다

- 아ː무도 그녀가 누니 먼ː 줄 몰ː랃따

여인은 창과 함께 시를 낭송했다

- 여이는 창ː과 함께 시를 낭ː송핻따

낭송은 다소 서툴렀지만 절절한 한 같은 것이 묻어 있었다

- 낭ː송은 다소 서ː툴럳찌만 절절한 한ː 가튼 거시 무더 이썯따

여인의 차례가 끝나고 화장실에서 옷을 갈아입는 동안

- 여이늬(네) 차례가 끈나고 화장실에서 오슬 가라입는 동안

개는 눈을 끔벅이며 구석에 묵묵히 엎드려 있었다

- 개ː는 누늘 끔버기며 구서게 뭉무키 업뜨려 이썯따

누가 바라보면 개도 그를 물끄러미 바라보았다

- 누가 바라보면 개ː도 그를 물끄러미 바라보앋따

어진 눈

- 어진 눈

어진 눈이었다

- 어진 누니얻따

아무런 소리도 내지 않았다

- 아ː무런 소리도 내ː지 아낟따

마치 어느 착한 사람이 개의 형상을 하고 구석에 웅크리고 있는 듯했다

- 마치 어느 차칸 사ː라미 개ː의(에) 형상을 하고 구서게 웅크리고 인는 드탣따

여인은 장려상을 타고

- 여이는 장:녀상을 타고

개는 다시 여인을 인도해 건널목을 건넜다

- 개:는 다시 여이늘 인도해 건:널모글 건:넏따

아무도 그 개의 소리를 듣지 못했다

- 아:무도 그 개:의(에) 소리를 듣찌 *모:탣따*

묵묵히 엎드려 있던 누런 등과

- 뭉무키 업뜨려 읻떤 누:런 등과

천천히 끔벅이던 어진 눈

- 천:천히 끔버기던 어진 눈

이름 없는 무수한 성자 중의 하나가

- 이름 엄:는 무수한 성:자 중의(에) 하나가

개가 되어 여인을 인도하고 있었다

- 개:가 되어 여이늘 인도하고 이썯따

저 흔한 우리 누렁이 중의 하나가 되어

- 저 흔한 우리 누렁이 중의(에) 하나가 되어

127 조병화의 「늘, 혹은」

늘, 혹은 / 조병화

늘, 혹은 때때로
생각나는 사람이 있다는 건
얼마나 생기로운 일인가

늘, 혹은 때때로
보고 싶은 사람이 있다는 건
얼마나 즐거운 일인가

카랑카랑 세상을 떠나는
시간들 속에서

늘, 혹은 때때로
그리워지는 사람이 있다는 건
얼마나 인생다운 일인가

〉

그로 인하여

적적히 비어 있는 이 인생을

가득히 채워가며 살아갈 수 있다는 건

얼마나 고마운 일인가

가까이, 멀리, 때로는 아주 멀리

보이지 않는 그곳에서라도

끊임없이 생각나고 보고 싶고

그리워지는 사람이 있다는 건

얼마나 지금, 내가

아직도 살아 있다는 명확한 확인인가

아, 그러한 네가 있다는 건

얼마나 따사로운 나의 저녁 노을인가.

- 출처 : 조병화 시선집.『숨어서 우는 노래』. 미래사 1991년. 138~139쪽.

[정본 또는 원본 확인 과정]

조병화 시선집.『숨어서 우는 노래』. 미래사에서 원본을 확인하였다.

[참고본 또는 이본]
〈인터넷상에 올려져 있는 시-제목과 행과 연의 배치가 다르다〉

늘, 혹은 때때로 / 조병화

늘, 혹은 때때로
생각나는 사람이 있다는 건
얼마나 생기로운 일인가

늘, 혹은 때때로
보고 싶은 사람이 있다는 건
얼마나 즐거운 일인가

카랑카랑 세상을 떠나는
시간들 속에서
늘, 혹은 때때로
그리워지는 사람이 있다는 건
얼마나 인생다운 일인가

그로 인하여 적적히 비어있는 이 인생을
가득히 채워가며 살아갈 수 있다는 건
얼마나 고마운 일인가

〉

가까이, 멀리, 때로는 아주 멀리

보이지 않는 그곳에서라도

끊임없이 생각나고 보고 싶고

그리워지는 사람이 있다는 건

얼마나 지금,

내가 아직도 살아있다는 명확한 확인인가

아, 그러한 네가 있다는 건

얼마나 따사로운 나의 저녁 노을인가

[시인 소개]

조병화 시인

출생 : 경기도 안성시. 1921 5. 2~2003 3.8

학력 : 스쿠바 대학교 물리화학과

저서 : 1949 『시집 버리고 싶은 유산』 『숨어서 우는 노래』

경력 : 1995 대한민국 예술원 회장

수상 : 1985 대한민국 예술원상

[시의 이해]

이 시는 제목이 '늘, 혹은 때때로'로 잘못 알려져 있다. 인터넷 검색에서는 행이 제대로 배열된 것을 찾기 어렵고 제목이 '늘, 혹은'인데 대부분 '늘, 혹은 때때로'로 되어 있다.

[발음 연구]
[낭송의 실제]를 참고한다.

[조사 '의'의 발음]

　이 시에는 아래와 같이 조사 '의'가 나온다. 소유격 '의'가 처소격 '에'가 되지 않도록 시의 원문을 충분히 이해하고 발음하기를 권한다.

　특히 한 행에 '의'와 '에'가 연달아 나올 때는 꼭 구분하여 발음해야 한다.

　또한 제목에 사용하는 소유격 조사 '의'는 꼭 '의'로 발음하여야 한다. 왜냐하면 제목에는 '종결어미'가 없기에 소유격과 처소격을 분명하게 제시해 주어야 하기 때문이다.

　　'얼마나 따사로운 나*의* 저녁 노을인가.'

[띄어읽기와 끊어읽기]
낭송가의 호흡과 강조하는 부분이 다를 수 있어 일률적인 표기를 생략한다.

[중요 낱말 및 시어 시구 풀이]

시의 내용을 이해하지 못할 시어나 시구가 없다.

[낭송의 실제]

늘, 혹은 / 조병화

- 늘, 호근 / 시 조병화·낭:송 ○○○.

   늘, 혹은 때때로

   - 늘, 호근 때때로

   생각나는 사람이 있다는 건

   - 생강나는 사:라미 읻따는 건

   얼마나 생기로운 일인가

   - 얼마나 생기로운 이:린가

   늘, 혹은 때때로

   - 늘, 호근 때때로

   보고 싶은 사람이 있다는 건

   - 보고 시픈 사:라미 읻따는 건

   얼마나 즐거운 일인가

   - 얼마나 즐거운 이:린가

〉

카랑카랑 세상을 떠나는

- 카랑카랑 세:상을 떠나는

시간들 속에서

- 시간들 소:게서

늘, 혹은 때때로

- 늘, 호근 때때로

그리워지는 사람이 있다는 건

- 그리워지는 사:라미 읻따는 건

얼마나 인생다운 일인가

- 얼마나 인생다운 이:린가

그로 인하여

- 그로 인하여

적적히 비어 있는 이 인생을

- *적쩌키* 비어 인는 이 인생을

가득히 채워가며 살아갈 수 있다는 건

- *가드키* 채워가며 사라갈 수(쑤) 읻따는 건

얼마나 고마운 일인가

- 얼마나 고:마운 이:린가

가까이, 멀리, 때로는 아주 멀리

- 가까이, 멀:리, 때로는 아주 멀:리

보이지 않는 그곳에서라도

- 보이지 안는 그고세서라도

끊임없이 생각나고 보고 싶고

- 끄니멉씨 생강나고 보고 십꼬

그리워지는 사람이 있다는 건

- 그리워지는 사:라미 읻따는 건

얼마나 지금, 내가

- 얼마나 지금, 내가

아직도 살아 있다는 명확한 확인인가

- 아직또 사라 읻따는 명화칸 화기닌가

아, 그러한 네가 있다는 건

- 아, 그러한 네가 읻따는 건

얼마나 따사로운 나의 저녁 노을인가.

- 얼마나 따사로운 나의(에) 저녁 노으린가.

128 황봉학의
「나는 은사시나무를 적시는 비가 되고 싶다」

나는 은사시나무를 적시는 비가 되고 싶다 / 황봉학

하얀 바람이 부는 날이면
신라 금관의 날개처럼
잎새를 흔드는 은사시나무
가느다란 바람의 두드림에도
언제나 피아노 건반처럼
반응을 나타내며 노래하는 가는 잎새
그대가 좋아하는 맑은 빗줄기
나는 그대를 위한 빗줄기가 되고 싶습니다
비를 맞으므로 더 생기가 돌고
꼬마 부채처럼 대지의 공기를 흔들며
맑간 노래를 합창하는 그대
어쩌다 바람 잠든 밤이 오면
별빛 받아 반짝이며
바다의 작은 파문의 모습을 보이는 그대

나는 그대를 위한 하얀 빗방울이 되어

노래하다 지친 그대의 작은 어깨를 두드리는

기쁨이 되고 싶습니다

그대의 은초록빛 얼굴이 세상의 먼지에 찌들고

강한 햇볕에 그을리면

언제나 그대를 고운 모습으로 되돌려 주는

빗줄기가 되고 싶습니다

그대의 마음속에 살아 있는 반가운 기다림과 같은

깨끗하고 따뜻한 비가 되고 싶습니다

- 출처 : 황봉학 시집『눈 시리도록 보고픈 사람』중외출판사. 2005.11.10. 103~104쪽.

[정본 또는 원본 확인 과정]

황봉학 시집『눈 시리도록 보고픈 사람』중외출판사에서 원본 확인하였다.

[참고본 또는 이본]

참고본 또는 이본이 없다.

[시인 소개]

황봉학 시인. 시낭송 교육자.

출생 : 경북 문경 출생.

약력 : 시대를 앞서가는 문예지『시와 낭송』발행인.

「좋은시바르게낭송하기운동본부」 본부장.

「청음시낭송예술원」 원장.

「문경새재전국시낭송대회」 조직위원장.

「현대시창작솔루션」 강좌 운영.

「한국명시낭송솔루션」 강좌 운영.

「시낭송전문지도자과정」 강좌 운영.

데뷔 :『애지』로 시인들 외 4편으로 신인문학상 수상하여 등단.

저서 : 시집『하고 싶어도 하지 못하는 말』.『눈 시리도록 보고픈 사람』.『주술사』. 시낭송교본『시낭송 교본』.『시낭송 실기교본 1, 2, 3, 4 권』.

수상 :「애지신인문학상」.「백화문학상」.「경북작품상」.「애지문학작품상」.「백두산문학상」.「대한민국 시낭송 대상」.

[시의 이해]

　은사시나무는 이름이 무척 아름답다. 이름처럼 바람에 흔들리거나 비에 젖으면 더더욱 아름답다. 은빛의 작은 잎새로 인하여 바람에 흔들리는 소리는 가히 음악적이기까지 하다. 그런 은사시나무를 아름다운 여인을 비유하여 힘들고 지쳐 보일 때는 생기를 불어넣어 주는 비가 되고 싶다 한다.

[발음 연구]
- 곱다 : 어원 '곱: 다'는 장음이지만 활용형 '고운'은 단음이다.
- 살다 : 어원 '살: 다'는 장음이지만 활용형 '살아'는 단음이다.

[조사 '의'의 발음]
 이 시에는 아래와 같이 조사 '의'가 나온다. 소유격 '의'가 처소격 '에'가 되지 않도록 시의 원문을 충분히 이해하고 발음하기를 권한다.
 특히 한 행에 '의'와 '에'가 연달아 나올 때는 꼭 구분하여 발음해야 한다.
 또한 제목에 사용하는 소유격 조사 '의'는 꼭 '의'로 발음하여야 한다. 왜냐하면 제목에는 '종결어미'가 없기에 소유격과 처소격을 분명하게 제시해 주어야 하기 때문이다.

  '신라 금관*의* 날개처럼'
  '가느다란 바람*의* 두드림에도'
  '꼬마 부채처럼 대지*의* 공기를 흔들며'
  '바다*의* 작은 파문의 모습을 보이는 그대'
  '노래하다 지친 그대*의* 작은 어깨를 두드리는'
  '그대*의* 은초록빛 얼굴이 세상의 먼지에 찌들고'
  '그대*의* 마음속에 살아 있는 반가운 기다림과 같은'

[띄어읽기와 끊어읽기]

낭송가의 호흡과 강조하는 부분이 다를 수 있어 일률적인 표기를 생략한다.

[중요 낱말 및 시어 시구 풀이]

은사시나무 : 낙엽 활엽 교목으로 수원사시나무(P. tremula var. glandulosa)와 은백양(P. alba) 사이에서 생긴 잡종이다.

은백양과 비슷하지만 잎가장자리가 갈라지지 않고 가지가 더 적게 갈라지며 잎의 털이 떨어지기도 한다. 4월에 꽃이 피고 5월에 열매가 맺힌다.

자연잡종을 은사시나무, 인공잡종은 현사시나무라고 부른다고 하지만, 현사시나무의 '현'은 은수원사시나무 육종개발자인 현신규 박사의 성을 붙여 현사시나무라고도 명명한 것으로 다른 종이 아니다. '은수원사시나무'라고도 부르지만 비추천명이다.

재질이 무르고 무게가 가벼워 책장 등의 가구재나 도시락, 성냥개비, 젓가락, 야구방망이 등의 소재로 쓰인다. 일반 땔감 원목보다는 비싸게 팔린다고 한다. 잘 비틀어지고 쉽게 갈라져 목재로서의 재질이 좋은 편은 아니다. 민간에서는 나무껍질과 잎을 출혈과 치통 등에 약재로 활용한다. 항염증, 항산화 효과가 있다는 연구 결과가 있다.

박정희 정권 시기 1970~1980년대의 우리나라 산은 나무가 거의 없는 민둥산이 대부분이었다. 취사와 난방에 나무를 사용하던 시절이다 보니 산에 나무가 남아날 수가 없었기 때문이다. 경제발전이 되면서 녹화사업에 쓰일 빠른 시간에 산을 푸르게 하고 목재로서도 가치가 있는 나무를 찾아내는 일이 급선무였다. 이 일의 연구를 맡은 세계적인 임목육종학자 고 현신규 교수는 우선 자람이 다른 나무보다 훨씬 빠른 이태리포플러를 수입하여 심었다. 그러나 이 나무는 수분이 많은 평지나 강가밖에 심을 수 없다는 큰 단점이 있었다. 그래서 현신규 박사는 산에서도 빨리 자라는 나무를 찾기 위해 새로운 나무를 만들어낸다. 유럽이 원산지인 은백양 암나무에다 수원의 여기산 부근에서만 자생하는 재래종 수원사시나무의 수나무를 인공적으로 교배하여, 두 나무의 이름을 합쳐 '은사시나무'란 새로운 나무를 만들어 냈다. 여러 번의 실제 적응시험에서 이태리포플러보다 오히려 산지에서 더 잘 자란다는 사실을 알게 되었다. 이 나무는 후에 박정희 대통령이 고 현신규 교수의 성을 따서 현사시나무라 불렀다.

[낭송의 실제]

나는 은사시나무를 적시는 비가 되고 싶다 / 황봉학

- 나는 은사시나무를 적씨는 비가 되고 십따 / 시 황봉학·낭:송 ○○○.

하얀 바람이 부는 날이면

- 하ː얀 바라미 부는 나리면

신라 금관의 날개처럼

- 실라 금과늬(네) 날개처럼

잎새를 흔드는 은사시나무

- 입쌔를 흔드는 은사시나무

가느다란 바람의 두드림에도

- 가느다란 바라믜(메) 두드리메도

언제나 피아노 건반처럼

- 언ː제나 피아노 건ː반처럼

반응을 나타내며 노래하는 가는 잎새

- 바ː능을 나타내며 노래하는 가는 입쌔

그대가 좋아하는 맑은 빗줄기

- 그대가 조ː아하는 말근 비(빋)쭐기

나는 그대를 위한 빗줄기가 되고 싶습니다

- 나는 그대를 위한 비(빋)쭐기가 되고 십씀니다

비를 맞으므로 더 생기가 돌고

- 비를 마즈므로 더 생기가 돌ː고

꼬마 부채처럼 대지의 공기를 흔들며

- 꼬마 부채처럼 대ː지의(에) 공기를 흔들며

맑간 노래를 합창하는 그대

- 말ː간 노래를 합창하는 그대

어쩌다 바람 잠든 밤이 오면

- 어쩌다 바람 잠든 바미 오면

별빛 받아 반짝이며

- 별:삩 바다 반짜기며

바다의 작은 파문의 모습을 보이는 그대

- 바다의(에) 자:근 파무늬(네) 모스블 보이는 그대

나는 그대를 위한 하얀 빗방울이 되어

- 나는 그대를 위한 하:얀 비(빋)빵우리 되어

노래하다 지친 그대의 작은 어깨를 두드리는

- 노래하다 지:친 그대의(에) 자:근 어깨를 두드리는

기쁨이 되고 싶습니다

- 기쁘미 되고 십씀니다

그대의 은초록빛 얼굴이 세상의 먼지에 찌들고

- 그대의(에) 은초록삩 얼구리 세:상의(에) 먼지에 찌들고

강한 햇볕에 그을리면

- 강한 해(핻)뼈테 그을리면

언제나 그대를 고운 모습으로 되돌려 주는

- 언:제나 그대를 고운 모스브로 되돌려 주는

빗줄기가 되고 싶습니다

- 비(빋)쭐기가 되고 십씀니다

그대의 마음속에 살아 있는 반가운 기다림과 같은

- 그대의(에) 마음쏘게 사라 인는 반가운 기다림과 가튼

깨끗하고 따뜻한 비가 되고 싶습니다
- 깨끄타고 따뜨탄 비가 되고 십씀니다

[장음, 된소리, 거센소리 표기하기]
- 용례 : ':'는 장음, ' '은 된소리, '가'는 거센소리.

나는 은사시나무를 적시는 비가 되고 싶다 / 황봉학

하:얀 바람이 부는 날이면
신라 금관의 날개처럼
잎새를 흔드는 은사시나무
가느다란 바람의 두드림에도
언:제나 피아노 건:반처럼
반:응을 나타내며 노래하는 가는 잎새
그대가 좋:아하는 맑은 빗줄기
나는 그대를 위한 빗줄기가 되고 싶습니다
비를 맞으므로 더 생기가 돌:고
꼬마 부채처럼 대:지의 공기를 흔들며
말:간 노래를 합창하는 그대
어쩌다 바람 잠든 밤이 오면
별:빛 받아 반짝이며

바다의 작:은 파문의 모습을 보이는 그대
나는 그대를 위한 하:얀 빗방울이 되어
노래하다 지:친 그대의 작:은 어깨를 두드리는
기쁨이 되고 싶습니다
그대의 은초록빛 얼굴이 세:상의 먼지에 찌들고
강한 햇볕에 그을리면
언:제나 그대를 고운 모습으로 되돌려 주는
빗줄기가 되고 싶습니다
그대의 마음속에 살아 있는 반가운 기다림과 같은
깨끗하고 따뜻한 비가 되고 싶습니다

129 서정주의 「牽牛의 노래」

牽牛의 노래 / 서정주

우리들의 사랑을 위하여서는
이별이, 이별이 있어야 하네

높었다, 낮었다, 출렁이는 물人살과
물人살 몰아 갔다오는 바람만이 있어야하네.

오- 우리들의 그리움을 위하여서는
푸른 銀河人물이 있어야 하네.

도라서는 갈수없는 오롯한 이 자리에
불타는 홀몸만이 있어야 하네!

織女여, 여기 번쩍이는 모래 밭에
돋아나는 풀싹을 나는 세이고……

〉
허이언 허이언 구름 속에서
그대는 베틀에 북을 놀리게.

눈섭같은 반달이 중천에 걸리는
七月 七夕이 도라오기까지는,

검은 암소를 나는 먹이고
織女여, 그대는 비단을 짜하세.

- 출처 : 서정주 전집 1. 민음사. 1판 1쇄 인쇄 펴냄 1994년 12월 2일. 1판 5쇄 펴냄 1998년 11월 30일. 69~70쪽.

[참고본 또는 이본]

견우의 노래 / 서정주

우리들의 사랑을 위하여서는
이별이, 이별이 있어야 하네.

높았다, 낮았다, 출렁이는 물살과

물살 몰아갔다 오는 바람만이 있어야 하네.

오, 우리들의 그리움을 위하여서는
푸른 은핫물이 있어야 하네.

돌아서는 갈 수 없는 오롯한 이 자리에
불타는 홀몸만이 있어야 하네

직녀여, 여기 번적이는 모래밭에
돋아나는 풀싹을 나는 세이고……

허이연 허이연 구름 속에서
그대는 베틀에 북을 놀리게

눈썹 같은 반달이 중천에 걸리는
칠월칠석이 돌아오기까지는

검은 암소를 나는 먹이고
직녀여, 그대는 비단을 짜세.

- 출처 : 서정주시집 『귀촉도』, 선문사. 1948.

[시인 소개]

서정주(徐廷柱) 시인

미당(未堂), 궁발(窮髮)

1915년 전라북도 고창 출생

1929년 중앙고보 입학

1931년 고창고보에 편입학, 자퇴

1936년 동아일보 신춘문예에 시「벽」이 당선되어 등단
　　　시 전문 동인지『시인부락』창간

1946년 조선청년문학가협회 결성, 시분과 위원장직을 맡음

1950년 종군 위문단 결성

1954년 예술원 종신 위원으로 추천되어 문학분과 위원장 역임

1955년 자유문학상 수상

1977년 한국문인협회 이사장

2000년 사망

시집 :『화사집』(1941),『귀촉도』(1948),『흑호반』(1953),『서정주시선』(1956),『신라초』(1961),『동천』(1969),『서정주문학전집』(1972),『국화옆에서』(1975),『질마재 신화』(1975),『떠돌이의 시』(1976),『학이 울고간 날들의 시』(1982),『미당서정주시선집』(1983),『안 잊히는 일들』(1983),『노래』(1984),『시와 시인의 말』(1986),『이런 나라를 아시나요』(1987),『팔할이 바람』(1988),『연꽃 만나고 가는 사람아』(1989),『피는 꽃』(1991),『산시(山詩)』(1991),『늙은 떠돌이의 시』(1993),『민들레꽃』(1994),『미당시전집』(1994),『견우의 노래』(1997),『80소년 떠돌이의 시』(1997).

[시의 이해]

이 시는 전래 설화인 '견우와 직녀 이야기'를 창작 모티프로 하여 사랑하면서도 만나지 못하는 남녀의 애절한 감정을 노래한 작품이다. 일 년 중 단 하루만 만날 수 있는 견우와 직녀의 애틋한 사랑과 그리움, 만남과 이별의 정서를 그려낸 이 작품은, 설화의 주인공인 '견우'를 시적 화자로, '직녀'를 시적 대상이자 청자로 설정하여 만남과 이별의 역설적 의미를 형상화하고 있다. 이별은 일반적으로 사랑의 종말로 인식되지만, 이 시에서는 그것이 사랑을 위한 내적 성숙의 기간으로 설정되어 있기에, 화자는 이별을 부정하는 게 아니라 오히려 긍정한다.

맞닥뜨린 이별의 상황에 가슴 아파하는 연인들의 감정을 섬세하게 형상화하고 있는 이 시는, 1연에서 이별의 시간이 바로 진정한 사랑을 위한 내적 성숙의 시간임을 역설적으로 말하고 있다. 사랑과 이별은 상반되고 모순되는 상황이거나 정서임에도 불구하고, 화자는 여기서 사랑을 위해서는 이별이 필요하다고 말하고 있다, 이것은 곧 이별을 통해서만 사랑은 성숙해진다는 의미이다. 2연과 3연에서는 화자의 정서가 이별의 장면, 이별 후의 기다림과 안타까움 등으로 다양하게 변주된다. 따라서 '출렁이는 물살'·'물살 몰아 갔다 오는 바람'·'푸른 은핫물'은 성숙한 사랑을 위해 감당해야 할 장애물과 고난을 의미한다.

만남의 장애물에 대한 이러한 인식은 4~8연에 나타난 시적 화자와 시적 대상의 모습으로 연결된다. 그것이 바로 4연에서의 '불타는 홀몸'으로 남아 있는 '나'의 모습과, 5연에서의 '모래밭에 돋아나는 풀싹'을 세는 '나'의 모습이다. 또한 그것은 8연의 '검은 암소를 먹이'며 재회의 날을 기다리는 '나'의 모습이며, 6연과 8연에서의 '베틀로 비단을 짜는' '그대'의 모습이다. 따라서 '번쩍이는 모래밭'과 '허이연 구름'은 견우와 직녀가 각각 처해 있는 시련의 공간을 의미하며, '풀싹을 나는' 나의 모습은 간절한 그리움으로 보내는 막막한 세월을 상징한다. 모래밭은 풀이 쉽게 자랄 수 없으며, 풀이 자라나지 않으면 견우는 소를 키울 수 없기 때문이다.

특히 4연에서의 '불타는 홀몸'은 고독 속에서 지펴지는 사랑의 불길과 인고의 시간이 형상화된 구절로, 직녀를 향한 견우의 사랑과 연결, 또는 그리움과 재회의 욕구에서 비롯된 그의 몸부림을 의미한다. 이 같은 불의 이미지는 2,3연의 물과 바람의 이미지와 대립됨으로써 이별의 상황에서 빚어지는 쓸쓸함과 그리움이 시간의 흐름에 따라 그 속에서 더욱 뜨거워진 사랑으로 발전되고 있음을 보다 효과적으로 보여 주게 된다. 그리하여 두 사람은 주어진 본분에 충실하면서 '눈썹'의 이미지만큼이나 아름답고 황홀한 '칠월칠석'의 재회를 기약하는 것이다. 결국 이 시는 이러한 고난을 딛고 홀로 설 수 있는 성숙한 사람만이 진정한 만남, 완전한 사랑을 이룰 수 있다는 의미를 함축하고 있는 것이라 하겠다.

[발음 연구]

[낭송의 실제]를 참고한다.

[조사 '의'의 발음]

이 시에는 아래와 같이 조사 '의'가 나온다. 소유격 '의'가 처소격 '에'가 되지 않도록 시의 원문을 충분히 이해하고 발음하기를 권한다.

특히 한 행에 '의'와 '에'가 연달아 나올 때는 꼭 구분하여 발음해야 한다.

또한 제목에 사용하는 소유격 조사 '의'는 꼭 '의'로 발음하여야 한다. 왜냐하면 제목에는 '종결어미'가 없기에 소유격과 처소격을 분명하게 제시해 주어야 하기 때문이다.

'牽牛의 노래'

'우리들의 사랑을 위하여서는'

'오- 우리들의 그리움을 위하여서는'

[띄어읽기와 끊어읽기]

낭송가의 호흡과 강조하는 부분이 다를 수 있어 일률적인 표기를 생략한다.

[중요 낱말 및 시어 시구 풀이]

- 은핫물 : 은하수(銀河水), 은하를 강에 비유하여 이른 말.
- 오롯한 : 모자람이 없이 온전한.
- 북 : 베틀에서 날실의 틈으로 왔다 갔다 하며 씨실을 푸는 기구.

[낭송의 실제]

牽牛의 노래 / 서정주
- 겨누의 노래 / 시 서정주·낭:송 ○○○.

    우리들의 사랑을 위하여서는
    - 우리드리(레) 사랑을 위하여서는
이별이, 이별이 있어야 하네
- 이:벼리, 이:벼리 이써야 하네

    높었다, 낮었다, 출렁이는 물ㅅ살과
    - 노펃따, 나젇따, 출렁이는 물쌀과
물ㅅ살 몰아 갔다오는 바람만이 있어야하네.
- 물쌀 모라 갇따오는 바람마니 이써야하네.

    오- 우리들의 그리움을 위하여서는
    - 오- 우리드리(레) 그리우믈 위하여서는
푸른 銀河ㅅ물이 있어야 하네.
- 푸른 은하무리 이써야 하네.

    도라서는 갈수없는 오롯한 이 자리에
    - 도라서는 갈쑤엄는 오로탄 이 자리에

불타는 홀몸만이 있어야 하네!
- 불타는 홀몸마니 이써야 하네!

織女여, 여기 번쩍이는 모래 밭에
- 징녀여, 여기 번쩌기는 모래 바테
돋아나는 풀싹을 나는 세이고……
- 도다나는 풀싸글 나는 세이고……

허이언 허이언 구름 속에서
- 허이언 허이언 구름 소:게서
그대는 베틀에 북을 놀리게.
- 그대는 베트레 부글 놀리게.

눈섭같은 반달이 중천에 걸리는
- 눈섭(썹)가튼 반:다리 중처네 걸리는
七月 七夕이 도라오기까지는,
- 치륄칠써기 도라오기까지는,

검은 암소를 나는 먹이고
- 거믄 암소를 나는 머기고
織女여, 그대는 비단을 짜ᄒ세.
- 징녀여, 그대는 비:다늘 짜ᄒ세.

130 박노해의 「겨울 사랑」

겨울 사랑 / 박노해

사랑하는 사람아
우리에게 겨울이 없다면
무엇으로 따뜻한 포옹이 가능하겠느냐
무엇으로 우리 서로 깊어질 수 있겠느냐

이 추운 떨림이 없다면
꽃은 무엇으로 피어나고
무슨 기운으로 향기를 낼 수 있겠느냐
나 언 눈 뜨고 그대를 기다릴 수 있겠느냐

눈보라 치는 겨울밤이 없다면
추위 떠는 자의 시린 마음을 무엇으로 헤아리고
내 언 몸을 녹이는 몇 평의 따뜻한 방을 고마워하고
자기를 벗어버린 희망 하나 커 나올 수 있겠느냐

〉
아아 겨울이 온다
추운 겨울이 온다
떨리는 겨울 사랑이 온다

- 출처 : 박노해 시집.『그러니 그대 사라지지 말아라』. 느린걸음. 초판 1쇄 발행 2010년 10월 16일. 초판 11쇄 발행 2014년 2월 24일. 545쪽.

[정본 또는 원본 확인 과정]

박노해 시집.『그러니 그대 사라지지 말아라』. 느린걸음에서 원본을 확인하였다.

[참고본 또는 이본]

〈인터넷에 행과 연이 다르게 올려져 있는 것이 많다〉

겨울사랑 / 박노해

사랑하는 사람아
우리에게 겨울이 없다면
무엇으로 따뜻한 포옹이 가능하겠느냐
무엇으로 우리 서로 깊어질 수 있겠느냐

〉
이 추운 떨림이 없다면
꽃은 무엇으로 피어나고
무슨 기운으로 향기를 낼 수 있겠느냐
나 언눈 뜨고 그대를 기다릴 수 있겠느냐

눈보라치는 겨울밤이 없다면
추위떠는 자의 시린 마음을
무엇으로 헤아리고

내 언 몸을 녹이는
몇 평의 따뜻한 방을 고마워하고
자기를 벗어버린 희망하나
커 나올 수 있겠느냐

아 아 겨울이 온다
추운 겨울이 온다
떨리는 겨울사랑이 온다

[시인 소개]

박노해(본명 박기평) 시인

출생 : 전라남도 함평

데뷔 : 1983년 《시와 경제》 '시다의 꿈'으로 등단.

수상 : 1992. 시인클럽 포에트리 인터네셔널 로테르담 재단 인권상.

저서 : 시집 『너의 하늘을 보아』 『걷는 독서』 『눈물꽃 소년』
　　　 사진에세이 『다른 길』.

[시의 이해]

　사계절 중 유난히 춥고 견디기 어려운 계절을 우리는 겨울이라고 한다. 시인은 그 겨울을 도리어 사랑이 깊어질 수 있는 이유가 된다고 한다. 힘겹고 어려울수록 나누는 포옹은 더 깊어지고 따뜻해질 것이다.

　'우리에게 겨울이 없다면

　무엇으로 따뜻한 포옹이 가능하겠느냐

　무엇으로 우리 서로 깊어질 수 있겠느냐'

　'아아 겨울이 온다/추운 겨울이 온다/떨리는 겨울 사랑이 온다'

[발음 연구]

[낭송의 실제]를 참고한다.

[조사 '의'의 발음]

　이 시에는 아래와 같이 조사 '의'가 나온다. 소유격 '의'가 처소격 '에'가 되지 않도록 시의 원문을 충분히 이해하고 발음하기를 권한다.

특히 한 행에 '의'와 '에'가 연달아 나올 때는 꼭 구분하여 발음해야 한다.

또한 제목에 사용하는 소유격 조사 '의'는 꼭 '의'로 발음하여야 한다. 왜냐하면 제목에는 '종결어미'가 없기에 소유격과 처소격을 분명하게 제시해 주어야 하기 때문이다.

'추워 떠는 자의 시린 마음을 무엇으로 헤아리고'
'내 언 몸을 녹이는 몇 평의 따뜻한 방을 고마워하고'

[띄어읽기와 끊어읽기]

낭송가의 호흡과 강조하는 부분이 다를 수 있어 일률적인 표기를 생략한다.

[중요 낱말 및 시어 시구 풀이]

이해하기 어려운 시어나 시구가 없다.

[낭송의 실제]

겨울 사랑 / 박노해

- 겨울 사랑 / 시 박노해·낭:송 ○○○.

사랑하는 사람아

- 사랑하는 사ː라마

우리에게 겨울이 없다면

- 우리에게 겨우리 업ː따면

무엇으로 따뜻한 포옹이 가능하겠느냐

- 무어스로 *따뜨탄* 포ː옹이 가능하겐느냐

무엇으로 우리 서로 깊어질 수 있겠느냐

- 무어스로 우리 서로 기퍼질 수(쑤) 읻껜느냐

이 추운 떨림이 없다면

- 이 추운 떨리미 업ː따면

꽃은 무엇으로 피어나고

- 꼬츤 무어스로 피어나고

무슨 기운으로 향기를 낼 수 있겠느냐

- 무슨 기우느로 향기를 낼ː 수(쑤) 읻껜느냐

나 언 눈 뜨고 그대를 기다릴 수 있겠느냐

- 나 언ː 눈 뜨고 그대를 기다릴 수(쑤) 읻껜느냐

눈보라 치는 겨울밤이 없다면

- 눈ː보라 치는 겨울빠미 업ː따면

추워 떠는 자의 시린 마음을 무엇으로 헤아리고

- 추워 떠ː는 자의(에) 시린 마으믈 무어스로 헤ː아리고

303

내 언 몸을 녹이는 몇 평의 따뜻한 방을 고마워하고

- 내 언 : 모믈 노기는 몇 평의(에) *따뜨탄* 방을 고:마워하고

자기를 벗어버린 희망 하나 커 나올 수 있겠느냐

- 자기를 버서버린 히망 하나 커 나올 <u>수(쑤)</u> 읻껜느냐

아아 겨울이 온다

- 아아 겨우리 온다

추운 겨울이 온다

- 추운 겨우리 온다

떨리는 겨울 사랑이 온다

- 떨리는 겨울 사랑이 온다